新时代 读懂

读懂
新时代的中国

陈　坚◎编著

中国言实出版社

图书在版编目（CIP）数据

读懂新时代的中国 / 陈坚编著 . -- 北京：中国言实
出版社，2022.3
ISBN 978-7-5171-4100-6

Ⅰ . ①读… Ⅱ . ①陈… Ⅲ . ①社会主义建设成就—中
国 Ⅳ . ① D619

中国版本图书馆 CIP 数据核字（2022）第 047244 号

读懂新时代的中国

责任编辑：张　丽
责任校对：代青霞

出版发行：中国言实出版社
　　　　　地　　址：北京市朝阳区北苑路180号加利大厦5号楼105室
　　　　　邮　　编：100101
　　　　　编辑部：北京市海淀区花园路6号院B座6层
　　　　　邮　　编：100088
　　　　　电　　话：010-64924853（总编室）　010-64924716（发行部）
　　　　　网　　址：www.zgyscbs.cn　　电子邮箱：zgyscbs@263.net

经　　销：新华书店
印　　刷：廊坊市印艺阁数字科技有限公司
版　　次：2022年7月第1版　　2022年7月第1次印刷
规　　格：710毫米×1000毫米　　1/16　　20.75印张
字　　数：250千字

定　　价：68.00元
书　　号：ISBN 978-7-5171-4100-6

前　言

2012 年 11 月 15 日，中共十八届一中全会结束后的当天中午，新当选的中共中央总书记习近平同中外记者见面。英国著名学者马丁·雅克在《大国雄心》一书中这样写道：习近平任中共中央总书记标志着一个时代的开始。

弹指一挥间，新时代头一个 10 年，就这么匆匆地过去了。相信我们每一个人都已深刻感受到，当今中国处于近代以来最好的发展时期，世界处于百年未有之大变局，两者同步交织，相互激荡，彼此影响。

从中国的历史性变革，到世界格局的深度调整，再到每个普通民众的生活，所有这些似乎都被加速了。尤其是 2020 年以来，世纪疫情的暴发，俄乌冲突的发生……各种大事件的急速冲击，让我们每一个人都眼花缭乱，心存诸多的不确定性。

　　观察今天的中国，不仅要有世界的大格局，更要有历史的大视角。写这本书的初衷，就是想和读者一起思考、探讨普遍共同关注的问题：面对前所未有的大变局，中国已经或正在发生哪些重大变化？我们该如何应对、适应剧变的大时代？中国取得历史性成就的背后密码是什么？中国的未来将走向何方？

　　无论这个世界如何变化，有一点是确定无疑的，那就是中华民族伟大复兴进入了不可逆转的历史进程。

编　者

2022 年 6 月

目 录

第1章 中国历史方位的新变化 ·········· 1

以中共十八大为标志，中国特色社会主义进入新时代。那么，何谓中国特色社会主义？为什么说中国特色社会主义进入新时代？新时代到底"新"在哪里？它又是怎样孕育了新思想？

中国特色社会主义从哪里来 ·········· 2
中国特色社会主义进入新时代 ·········· 9
新时代之"新"体现在哪些方面 ·········· 18
新时代孕育了新的思想 ·········· 23

第2章 中国共产党的领导地位坚如磐石 ·········· 33

中国共产党领导是我们最大的制度优势，是我们事业发展的强大支柱，是社会主义中国长期稳定发展的定海神针。进入新时代后，中国共产党为何提出加强党的全面领导？又是怎样在理论与实践层面上对这一根本制度进行重大调适与加以完善的？

历史选择了中国共产党的领导 ·········· 34
维护党中央权威和集中统一领导成为共识 ·········· 40

党的全面领导在坚持中发展 ·················· 45

治国理政能力的全面提升 ···················· 49

中国共产党得到人民广泛支持和认同 ·········· 55

第 3 章　党内政治生态整体性重塑 ·················· 59

中国共产党作为执政党，其内部政治生态与自然生态一样，如果被污染了，那就祸患无穷。进入新时代后，中国共产党是如何破解党内多年的积弊？又是如何重塑党内政治生态的？党内政治生态发生了怎样的变化？

"八项规定"破解作风难题 ···················· 60

政治建设是重中之重 ························· 70

解决如何选出好干部的问题 ·················· 75

治党管党离不开严明的纪律 ·················· 79

掀起反腐大风暴 ····························· 89

第 4 章　中国经济发展的重大转向 ·················· 93

改革开放以来，中国经济经历了长达 30 多年的高增长，创造了足以让世界惊叹的发展奇迹。进入新时代后，中国为何主动调低经济增速预期？中国共产党提出的新发展理念是如何影响中国经济的宏观决策的？中国经济又是怎样从高速度到高质量转型的？

发展理念的历史性转变 ······················· 94

供给侧结构性改革 ·························· 103

基本经济制度趋向成熟 ………………………………… 108

经济迈向高质量发展 …………………………………… 119

第5章　中国式民主是个好事物 ………………… 133

世界上有两种典型的民主模式，一种是以美国为代表的西式民主模式，一种是以中国为代表的全过程人民民主模式。进入新时代后，中国式民主在实践中是如何运行的？中国式民主表现出哪些鲜明的特征？为何中国式民主在世界上越来越具有吸引力？

中国式民主生长于中国的土壤 …………………………… 134

中国式代议制民主 …………………………………… 139

中国式民主注重协商而非对抗 …………………………… 144

中国式民主嵌入国家治理体系现代化 ………………… 149

中国式民主充分保障人权 ………………………………… 154

中国式民主产生了广泛持久的影响力 ………………… 163

第6章　中国文化软实力渐进跃升 ……………… 167

文化自信是民族自信的基石，也是一个国家在国际竞争中的软实力。进入新时代后，为何要提振中国人的文化自信？为什么要抵御西方意识形态的渗透并培育自己的核心价值观？如何用文化软实力来凝聚国家民族的力量？

文化自信是民族自信的前提 ……………………………… 168

马克思主义指导地位动摇不得 …………………………… 175

培育中国的核心价值观 …………………………………… 183

文化的引领与重构 ………………………………………… 190

第7章　全面小康社会在中国建成 ……………… 199

中国人对"小康"的渴望与梦想，延续了几千年。在中国共产党的领导下，中国人民才真正奔向"小康"。进入新时代后，中国共产党是如何带领人民摆脱困扰中国人几千年的贫穷的？又是怎样在中华大地上全面建成小康社会的？

中国人的千年"小康"之梦 ……………………………… 200

走上"小康社会"的康庄大道 …………………………… 204

全面建设到全面建成小康社会 …………………………… 211

历史性地摆脱贫困 ………………………………………… 216

千年梦想照进现实 ………………………………………… 223

第8章　美丽中国正在变为现实 ………………… 227

生态环境是我们赖以生存的前提，关系到中华民族的永续发展。进入新时代后，中国人的生态环保理念发生了怎样的深刻变化？中国共产党和中国政府是如何扭转日益严峻的生态环境危机的？江山如画离我们还遥远吗？

环保理念的深刻转变 ……………………………………… 228

打响污染防治攻坚战 ……………………………………… 236

生态保护重在制度构建 …………………………………… 244

美丽中国江山如画 ………………………………………… 252

第9章　胸怀天下的大国情怀 ················· 259

中国人热爱和平，心系天下，中国是一只和平可亲文明的狮子。进入新时代后，面对极端主义势力的抬头，中国为何提出人类命运共同体理念？中国如何致力于维护多边主义和文明多样化？中国在国际舞台上发挥了哪些重要作用？

提出人类命运共同体理念 ················· 260
中国是一只和平可亲文明的狮子 ············· 262
维护多边主义和文明多样化 ··············· 266
担负大国应负的责任 ··················· 272
"一带一路"引领世界共同发展 ············· 279

第10章　在全面深化改革中走向未来 ········· 287

过去数十年发展经验表明，没有改革开放，就没有中国的今天。进入新时代后，中国为何吹响全面深化改革的时代号角？这次划时代的改革对中国产生了哪些深远的影响？为什么说中国走向强大依然离不开继续改革？

中国大踏步赶上了时代 ················· 288
吹响全面深化改革的时代号角 ············· 293
全面深化改革取得历史性成就 ············· 301
改革走向未来 ····················· 306

结语：通往中国式现代化道路 ············· 315

第1章
中国历史方位的新变化

以中共十八大为标志，中国特色社会主义进入新时代。那么，何谓中国特色社会主义？为什么说中国特色社会主义进入新时代？新时代到底"新"在哪里？它又是怎样孕育了新思想？

2017 年 10 月，习近平总书记在中共十九大上向全党、全国、全世界郑重宣布：经过长期努力，中国特色社会主义进入了新时代，这是我国发展新的历史方位。"时代"这个词，因为指向超越个人时间的宏大概念，已经让人满怀激荡。而"新时代"，更因为行进的意象，让人对现在、对未来有了更为宽广的想象，成为理解当代中国所处历史方位的关键词。显然，从历史分期来说，新时代的起点就是 2012 年中共十八大。人们可能会问，为什么此时宣布中国特色社会主义进入新时代？进入新时代的标志是什么呢？新时代到底"新"在哪里呢？

中国特色社会主义从哪里来

方向决定道路，道路决定命运。中国特色社会主义不是从天上掉下来的，是中国共产党和中国人民在历史的千回百转中，历尽千辛万苦、付出巨大代价之后，取得的最为根本的成就。社会主义没有辜负中国，中国也没有辜负社会主义。

踏上社会主义新路

回顾近代历史，考察世界变化，可以看到西方资本主义强国的发展大多是以对内剥削、对外掠夺来实现的。少数发展中国家走资本主义道路虽然在某个时期实现了经济快速增长，但出现了严重的两极分化，以及社会矛盾加剧、生态环境恶化等严重问题。在那个年代，对于中国这样一个经济文化落后的东方大国来说，这两条发展道路都走不通。要改变旧中国积贫积弱、内忧外患的悲惨命运，实现国家富强、民族振兴、人民幸福，没有现成的模式可以参照，只能探索新路。

这条新路，就是在中国建立社会主义制度。自诞生之日起，中国共产党就选择了以马克思主义为指导的社会主义道路。新中国成立后，中国共产党成为执政党，这为在中国进行社会主义革命、社会主义建设提供了可能和前提。从中华人民共和国成立到社会主义改造基本完成，是中国从新民主主义到社会主义的过渡时期。在第一代领导人毛泽东提出的过渡时期总路线的指引下，中国共产党通过开辟适合中国特色的社会主义改造道路，胜利完成了对农业、手工业和资本主义工商业的社会主义改造，建立了社会主义制度。

随着中国进入社会主义社会，如何探索一条适合本国国情的社会主义建设道路突出地摆在中国共产党面前。无论是革命还是建设，毛泽东一贯主张独立探索，反对照抄照搬外国经验。《论十大关系》和《关于正确处理人民内部矛盾的问题》被称为是中国共产党独立探索中国社会主义建设道路的光辉文献。其中,《论十大关系》是毛泽东在 1956 年听取国务院有关部门汇报基础上形成的, 十大关系就是和苏联模式的十个不同。《关于正确处理人民内部矛盾的问题》是毛泽东于 1957 年 2 月在最高国务会议上的讲话。在这篇讲话中, 他从哲学世界观的高度即矛盾的高度认识什么是社会主义社会。这两次讲话, 标志着毛泽东对中国社会主义建设道路的探索开始形成一个初步的但比较系统的思路。1956 年召开的中共八大, 正确地分析了中国社会主义的主要矛盾, 指出已不是阶级斗争, 而是"人民对于经济文化迅速发展的需要同当前经济文化不能满足人民需要的状况之间的矛盾", 明确提出党和国家的主要任务是"保护和发展生产力"。在毛泽东的两个讲话和中共八大精神的指引下, 中国共产党进行了长达 20 年的社会主义建设道路的艰辛探索。

　　社会主义制度在中国确立后, 中国共产党对社会主义建设道路的探索尽管经历了一些挫折, 但总体上取得的成就是伟大而具有历史意义的。这种历史性成就突出表现在两个方面:一个方面, 就是为改革开放后中国特色社会主义的开创提供了正反经验, 并奠定了强大的理论基础。另一个方面, 就是为中国特色社会主义的开创奠定了相当的物质基础。如:建立了独立的比较完整的工业体系和国民经济体系，实现了低标准的社会主义工业化，能够自行生产汽车、飞机、轮船等重型装备；在全国建立了一大批国有企业，如大庆油田、攀枝花钢铁公司；兴建了大量的基础设备，包括交通、能源和农田水利设施等，修建成渝、宝成、成昆、湘黔铁路干线，建设武汉、南京长江大桥；教育、科学、文化事业也有了很大发展，培养了一大批各方面的专业人才；科学技术有了重大突破，开发了大型电子计算机，自力更生地成功发射了"两弹一星"。在极端困难的年代，这些成绩的取得当属来之不易，这也不得不归因于社会主义制度"集中力量办大事"的独特优势。

正如中国改革开放总设计师邓小平后来所评价：我们尽管犯过一些错误，但我们还是在三十年间取得了旧中国几百年、几千年所没有取得过的进步。

社会主义在中国重获生机

以 1978 年 12 月中共十一届三中全会为标志，中国进入改革开放和社会主义现代化建设新时期。这个新时期，就是中国特色社会主义开创与发展时期，它的核心内涵和鲜明特点是改革开放。

邓小平作为中国改革开放的总设计师，以他为核心的党中央为开辟改革开放新道路作了很多宝贵的探索，成功开创了中国特色社会主义道路。当时所进行的探索中，有几件重大的历史事件，至今看来仍然具有广泛而深远的影响。

第一件事，开展真理标准问题大讨论，解放人们的思想。真理标准问题大讨论的主题是破除"两个凡是"。当时《光明日报》发表了《实践是检验真理的唯一标准》文章，标志着真理标准问题大讨论的开始。随后，邓小平发表的三个讲话，即1978年6月初在全军政治工作会议上的讲话、同年9月的"北方谈话"和1978年年底发表的被称为十一届三中全会主题报告的《解放思想，实事求是，团结一致向前看》讲话，对真理标准问题大讨论的展开及否定"两个凡是"起了决定性作用。这是一次全党和全国范围空前的马克思主义教育运动，吹响了解放思想的时代号角，开启了改革开放汹涌澎湃大潮的闸门。党的十一届三中全会的胜利召开，标志着粉碎"四人帮"后党和国家工作在徘徊中前进的局面的结束。全会重新确立马克思主义的思想路线、政治路线、组织路线，实现了新中国成立以来党的历史上具有深远意义的伟大转折，开启了我国改革开放和社会主义现代化建设的新时期。

第二件事，支持农村改革、实行家庭联产承包责任制。中国的改革从农村实行家庭联产承包责任制率先突破，逐步转向城市经济体制改革并全面铺开。中共十一届三中全会前，安徽、四川等省农民自发地实行与那时政策相抵牾的包产到户等，被视为"异端"。邓小平支持这样的"异端"。中共十一届三中全会后，中央肯定了包产到户等家庭联产承包责任制。邓小平评述这个进程指出：农村改革的成功增加了我们的信心，我们把农村改革的经验运用到城市，进行以城市为重点的全面经济体制改革。如果将农村改革比喻为改变中国命运的第一棒火炬，那么它引发的全面改革就是燃遍中国的熊熊火焰。神州大地在改革浴火中获得新生。

第三件事，兴办深圳等经济特区，推动形成全国对外开放格局。邓小平说：中国的经济开放政策，这是我提出来的。1979年4月，中共广东省委领导提出在深圳、珠海、汕头开办出口加工区建议后，邓小平指出：在你们广东划一块地出来，搞一个特区怎么样？过去陕甘宁就是特区嘛，中央没有钱，你们自己去搞，杀出一条血路来！随后，中央决定在深圳、珠海、汕头、厦门试办特区。1992年春天，邓小平在视察深圳、珠海时，对特区的巨大变化无比兴奋。他回顾历史说：对办特区，从一开始就有不同意见，担心是不是搞资本主义。深圳的建设成就，明确回答了那些有这样那样担心的人。特区姓"社"不姓"资"。这不仅是对特区建设的肯定，也是对那些怀疑改革的人的明确回答。中国的对外开放在邓小平的指导和关怀下，继建立深圳、珠海、汕头、厦门等4个特区后，又先后将海南全岛辟为经济特区、开发开放上海浦东，推动沿海沿边沿江沿线和内陆中心城市对外开放。1992年邓小平南方谈话后，新一轮开放浪潮以迅猛之势由东向西、由南向北推进。至20世纪90年代后期中国已形成对外开放全方位格局。加入世贸组织后，对外开放既"引进来"又"走出去"，充分利用国际国内两个市场、两种资源，中国的发展更加融入世界，初步形成中国的发展离不开世界、世界的发展同样离不开中国的局面。

随着实践的深入发展，中国特色社会主义理论、道路和制度也日益成熟起来。以1992年邓小平南方谈话和中共十四大召开为标志，中国改革开放和社会主义现代化建设进入一个新的发展阶段。中共十四大第一次明确提出中国经济体制改革的目标是建立社会主义市场经济体制，第一次对"建设有中国特色社会主义理论"的主要内容进行新的概括。这是一个历史性的创举。1997年中共十五大明确把"建设有中国特色社会主义理论"正式命名为邓小平理论，确立为中国共产党的指导思想。邓小平理论是中国特色社会主义理论体系的开创之作，是最基础的重要组成部分。同时，中共十五大制定了中国特色社会主义经济、政治、文化纲领，初步形成了中国特色社会主义建设三位一体的总体布局。2002 年中共十六大在党的正式文件中首次将"有中国特色社会主义"的提法改变为"中国特色社会主义"。这一提法上的变化，标志着中国共产党对中国特色社会主义认识和理解更为深刻。2007 年中共十七大把社会建设提升到与经济、政治、文化建设并重的高度，使中国特色社会主义事业总体布局更为完善，再次拓展了中国特色社会主义的内涵。

经过改革开放以来的艰辛探索与不懈努力，中国实现了两个伟大的历史转折，即实现了从高度集中的计划经济体制到充满活力的社会主义市场经济体制的伟大转折，形成和发展符合当代中国国情、充满生机活力的新的体制机制；实现了由封闭走向开放的伟大转折，利用国际国内两个市场、两种资源，大大增强国际竞争力。在这两大历史转折中，中国不仅成功地实现了经济持续快速发展，而且成功地走上了一条符合自身实际的中国特色社会主义道路。

中国特色社会主义进入新时代

进入新时代，标志着中国特色社会主义成功走完了现代化的"前半程"，开始步入更为激荡人心的"后半程"。新时代是一个大时代，从民生的细节到世界的秩序，从深沉的历史到辽远的未来，都将发生巨大的变革。

新时代如约而至

经过数十年的持续快速发展，中国特色社会主义建设事业取得长足进步，人民生活水平得到全面提升，经济总量早在 2010 年就已跃居世界第二。这样巨大的成绩是来之不易的，也是弥足珍贵的。

随着时代的推移，现如今，中国发展面临的形势出现了重大而深刻的变化。从国际发展大势看，世界经济在大调整大变革之中出现了一些新的变化趋势，国际金融危机深层次影响持续蔓延，西方国家结束黄金增长期，世界经济进入深度调整期，国际竞争更趋激烈，保护主义、单边主义、逆全球化初见端倪。从中国内部问题看，改革开放以来长期快速发展过程中，内部积累的矛盾、问题也不少。比如，发展不平衡不充分，发展质量和效益不高，经济大而不强，城乡、区域发展不协调，资源环境约束日益趋紧，等等。

知其事而不度其时则败。在这种国际、国内形势"变"和"不变"叠加时期，如果还简单地沿袭过去的发展路子，一成不变地秉持过往的发展观念，把发展片面理解为增加生产总值，一味以 GDP 排名比高低、论英雄，显然已经行不通，也不合时宜。

正是在这样的背景下，中共十八大后，习近平总书记和党中央以宽广的视野观察当今世界和当代中国，科学分析时代大势，准确把握发展要求，创造性提出新发展理念、统筹推进"五位一体"总体布局、协调推进"四个全面"战略布局，成功解决了新形势下实现什么样的发展、怎样实现发展的一系列重大问题，为解决中国特色社会主义发展面临的问题开出了系统性方案。

在此前发展的基础上，近些年来中国的经济实力、科技实力、国防实力、综合国力再次跃上了新台阶，进入世界前列，中国国际地位实现前所未有的提升。看一看现在的中国，"一带一路"如双翼扶摇、"千年大计"正拔地而起，京津冀一体化深入推进，长江经济带横贯东西，粤港澳大湾区画出大圆……更不用说纵横交错的高铁网络、震撼人心的粤港澳大桥、探月探空的航天科技、方兴未艾的人工智能，超级稻、超级计算机、超高速轨道交通。这些都在改变中国、改变历史、改变世界。这些伟大成就是在改革开放和社会主义现代化建设新时期发展基础上取得的，但又是带有全方位的、开创性的、历史性的成就。这些历史性成就，是新时代最亮丽的时代名片，标志着中国的发展进入了新的历史方位。

新时代最深刻的变革

判断一个新的时代到来，最关键、最核心的依据就是看社会主要矛盾的变化。中国特色社会主义已经进入新时代，就是因为中国社会主要矛盾发生了重大变化，即由原来的"人民日益增长的物质文化需要同落后的社会生产之间的矛盾"转化为现在的"人民日益增长的美好生活需要和不平衡不充分的发展之间的矛盾"。

那么，中国社会主要矛盾的变化是怎么发生的？又到底发生了什么变化？要回答这个问题，需要从矛盾的双方去观察变化。

从矛盾的需求方来讲，经过数十年的快速发展，中国人民已经不满足于物质生活方面的需要，而且对民主、法治、公平、正义、安全、文化、环境等方面的要求也日益增长。为不断满足人民这些需要，中国共产党和中国政府锐意改革、励精图治，不断推动各项事业的变革式发展。

民主法治方面，严格执行领导干部干预司法活动的记录通报和责任追究规定，公开通报违法干预典型案件，防止把党的领导作为个人以言代法、以权压法、徇私枉法的挡箭牌；贯彻以人民为中心的发展思想，紧紧依靠人民群众推进依法治国，深化立法、执法、司法公开，拓宽人民群众参与、表达、监督渠道，更加注重广纳群言、广集众智、广用民力，使法治建设深深扎根于人民创造性实践中。完善人民群众合法权益保障立法，加强人权司法保障，推出大批便民利民新举措，让人民群众有更实在更深切的获得感。

民生保障和改善方面，围绕建立更加公平、可持续的养老保险制度，中国政府制定实施《城乡养老保险制度衔接暂行办法》，开展养老服务业和公办养老机构改革试点。中国政府还陆续推出大学生创业引领计划，出台失业保险支持企业稳定岗位政策，健全企业职工工资正常增长机制，提高低保等城乡困难群体救助水平，发布实施《社会救助暂行办法》，改革完善基本医疗保险制度，在全国推开城乡居民大病保险，完善基本药物制度，扩大城市公立医院改革试点，实现公租房、廉租房并轨运行，推进共有产权住房改革。

社会治理方面，中国共产党和中国政府高度重视平安中国建设，明确提出把平安中国建设置于中国特色社会主义事业发展全局中来谋划，把人民群众对平安中国建设的要求作为努力方向，努力解决深层次问题，建设平安中国，确保人民安居乐业、社会安定有序、国家长治久安。数据显示，近年来，中国严重暴力犯罪案件呈现明显下降趋势，重特大火灾、道路交通事故逐年减少，人民群众安全感始终保持在 90% 以上。民生关系平安，近年来中国很多地方积极推动从注重管理向注重治理转变，构建多元化社会治理格局，确保国家长治久安。

生态环境方面，中国高度重视环境保护工作，提出"用制度保护生态环境"，按照"源头严防、过程严管、后果严惩"的思路，构建生态保护和生态文明建设的新机制。为加强环境保护力度，中国政府出台国有林区改革指导意见和国有林场改革方案，推动建立国家公园体制；提高排污费征收标准、扩大征收范围、加大处罚力度，推进排污权有偿使用和交易试点，开展环境污染第三方治理体系；强化节水准入，开展水权试点；以硬约束加快淘汰落后产能、燃煤小锅炉和老旧汽车，坚持行政手段、经济手段、法律手段"三管齐下"，以总量控制、源头治理、区域联动的努力，"向雾霾宣战"、争取"雾开霾散"，实现生态环境持续改善。

文化生活方面，中国公共文化服务体系已经初步建立并在不断完善，取得不俗成绩。中国已初步建成包括国家级、省级、地市级、县级、乡级、村级和城市社区六个级别的公共文化服务网络；农村的公共文化服务能力增强，农村基本实现广播电视村村通、户户通，而且不仅是集中居住点实现户户通，更重要的是在游牧地区也装有太阳能电池、可以收看电视广播的"马背电视"，海洋渔船装上卫星电视，为渔民送上文化大餐。同时，中国还大力发展文化志愿者，解决基层缺乏文化人才问题，现在已经有文化志愿服务组织机构近 8000 个，文化志愿者超过百万人，形成一支专兼结合的基层文化工作队伍。所有这些，都极大程度地满足了人民群众对文化生活的需要。

中国共产党和中国政府围绕民主法治、社会保障、社会治理、生态文明、文化供给等方面，所做的大量工作让人民群众得到实惠，受到人民群众的广泛好评。这既体现了中国共产党以人民为中心的执政理念，又反映了中国人民需要的深刻变化。

从矛盾的供给方来讲，经过数十年的快速发展，中国社会生产力水平总体上显著提高，社会生产能力在很多方面进入世界前列。

近些年，中国持续实施制造强国战略，一方面在基础科学研究上取得突破性进展，为战略新兴产业和高端制造业发展奠定基础；另一方面推动以高端装备制造业、高技术产业等为代表的新主体、新业态的快速增长，为中国经济灌注强大的内驱动力，成为发展新引擎。这些代表性的成就，只是中国生产能力快速发展和提升的一个缩影。

当然，在看到中国改革发展取得巨大成就的同时，也应该理性地认识到存在的突出问题，即发展不平衡不充分问题。这个问题已经成为满足人民日益增长的美好生活需要的主要制约因素。

那么，当前中国发展不平衡不充分问题到底体现在哪些方面呢？

一是现代服务业发展相对于制造业的不平衡不充分。世界各国经济发展的规律是，在经济发展进入中高收入阶段后，经济增长必将从主要依靠工业化转向服务业化。从中国的情况看，在对经济增长的贡献上，服务业已经超过制造业，但是服务业增加值占 GDP 的比重只有 51% 左右，远远低于发达经济体 60% 到 70% 左右的水平。在服务业中，尽管信息技术发展较快，但科教文卫等现代服务业的潜力还没有充分发挥，这导致服务业的劳动生产率一直低于制造业。在制造业方面，中国是全世界工业门类最齐全的工业化国家，制造业产值于 2012 年超越美国，现在中国成为全球第一制造大国。不过，从制造业总体的技术水平看，与发达国家尚存在较大差距。

二是消费相对于投资的不平衡不充分。近些年，尽管消费已经取代投资成为拉动经济增长的第一驾"马车"，但是投资占 GDP 的比重依然高达 40% 以上，而中国的消费率依然只有 50% 左右的水平。导致中国消费率偏低的因素很多，有些是正常的，例如人口红利时期的储蓄率通常较高；有些是不正常的，除了经济发展过度依赖要素投入、城乡收入差距大、区域经济发展差距大之外，其中一个突出的因素就是在中国国民可支配收入的分配中，与其他主要经济体相比，中国居民收入占比较低。这说明，中国还需要更好地发挥政府作用，发挥政府在提供基本养老、医疗、教育等方面的公共职能。

三是经济增长动能的不平衡不充分。从增长动能上看，突出表现为相对于资本、劳动力、土地等要素投入，作为经济增长第一驱动力，创新的关键作用发挥得不平衡不充分。以研发投入为例，中国已经成为仅次于美国的第二大研发投入国家，但从各个产业看，现代服务业和先进制造业的研发投入强度还偏低，这也是中国产业结构不平衡不充分的根本原因。从区域看，中国的中西部地区的研发投入强度大大低于东部地区，并且差距还在不断拉大。

四是区域和城乡上的不平衡不充分。世界各国经济发展的历史表明，随着经济增长，区域之间和城乡之间的人均 GDP 存在着收敛的趋势，即区域和城乡间的差距逐渐缩小，甚至消失。但是，中国的情况似乎并非如此。从城乡格局看，相对于城市，乡村经济发展不平衡不充分。改革开放至今，中国城乡居民的收入绝对差距依然较大。

从上面几个方面来分析，不难看出，中国共产党作出的关于中国社会主要矛盾已经转化为"人民日益增长的美好生活需要和不平衡不充分的发展之间的矛盾"这个新的论断，既是对中国社会主要矛盾发生了转化的实际所作的实事求是的重要判断，又是一个重大的理论创新。这个重大判断，为人们观察中国社会发生的深刻变化提供了新的视角，也为中国共产党更好地制定符合当前中国实际的发展战略，具有深远的指导意义。

新时代之"新"体现在哪些方面

正如前文所指出，由于中国社会主要矛盾发生了很大的变化，中国特色社会主义进入新时代。人们可能很关心一个问题，这个新时代与以前有什么不同，或者说这个新时代到底"新"在哪呢？

新时代新就新在中国社会主要矛盾发生了新变化

社会主要矛盾状况及其变化是社会发展阶段性划分的重要依据。在新中国成立特别是改革开放以来取得重大成就的基础上，中国发展站到了新的历史起点上，社会主要矛盾已由人民日益增长的物质文化需要同落后的社会生产之间的矛盾，转化为人民日益增长的美好生活需要和不平衡不充分的发展之间的矛盾。中国社会主要矛盾的变化是关系全局的历史性变化，反映了新时代中国发展的实际状况，指明了解决发展主要问题的根本着力点，对中国发展全局产生广泛而深刻的影响。这就要求中国在继续推动发展的基础上，必须着力解决好发展不平衡不充分问题，持续提升发展质量和效益，更好地满足人民各方面日益增长的美好生活需要，更好推动人的全面发展、社会全面进步。

新时代新就新在党的理论创新实现了新飞跃

中国共产党是一贯重视理论指导和勇于进行理论创新的马克思主义政党，在领导中国革命、建设、改革的实践中，不断推进马克思主义中国化，先后形成了毛泽东思想、邓小平理论、"三个代表"重要思想、科学发展观等重大理论创新成果，实现了两次历史性飞跃。伟大时代呼唤伟大理论，伟大时代孕育伟大理论。中共十八大以来，以习近平同志为核心的党中央坚持把马克思主义基本原理同中国具体实际相结合、同中华优秀传统文化相结合，从理论和实践结合上系统回答了新时代面临的重大时代课题，创立了习近平新时代中国特色社会主义思想。这一思想谱写了党的理论创新的新篇章，实现了马克思主义中国化的新飞跃，指导党和国家事业取得全方位、开创性历史成就，发生深层次、根本性历史变革，开创了中国特色社会主义新时代。

新时代新就新在党和国家事业确立新目标

中国共产党在领导革命、建设、改革各个历史时期，总是与时俱进提出新的奋斗目标，引领党和国家事业不断迈上新台阶。中共十八大以来，中国共产党发出了向"两个一百年"奋斗目标进军的时代号召。中共十九大综合分析国际国内形势和中国发展条件，既对决胜全面建成小康社会、实现第一个百年奋斗目标提出明确要求，又将实现第二个百年奋斗目标分为两个阶段安排，即从2020年到2035年，在全面建成小康社会的基础上，再奋斗15年，基本实现社会主义现代化；从2035年到本世纪中叶，在基本实现现代化的基础上，再奋斗15年，把中国建成富强民主文明和谐美丽的社会主义现代化强国。中共十九大作出的新时代中国特色社会主义发展的战略安排，明确了实现"两个一百年"奋斗目标的时间表、路线图。按照这一战略安排，中共十九届五中全会对"十四五"时期中国经济社会发展作出系统谋划和战略部署，清晰展望了2035年基本实现社会主义现代化的远景目标。这一宏伟蓝图鼓舞人心、切实可行，必将指引中国特色社会主义走向更加光明的未来。

新时代新就新在中国和世界关系开创新局面

当今世界正经历百年未有之大变局，中国日益走近世界舞台中央。中国与世界的关系发生深刻变化，当代中国已不再是国际秩序的被动接受者，而是积极的参与者、建设者、引领者。中共十八大以来，中国更加自信地敞开胸怀、拥抱世界，把开放的大门越开越大，在与世界深度交融中不断发展壮大，国际影响力、感召力、塑造力进一步提高。从提出构建人类命运共同体理念到共建"一带一路"倡议，从 APEC 北京会议到 G20 杭州峰会，从发起创立亚洲基础设施投资银行到举办中国国际进口博览会等，全方位、多层次、宽领域的对外开放新格局徐徐展开，中国在世界舞台上发挥着前所未有的重要作用。在同国际社会的互动中，中国坚定发出反对保护主义、支持经济全球化，反对单边主义、维护国际正义的最强音，是世界变局中的稳定器、正能量。

新时代新就新在中国共产党展现新面貌

打铁必须自身硬，这是中国共产党在百年征途中得出的最朴素的道理。中共十八大以来，全面加强党对一切工作的领导，坚决维护习近平总书记党中央的核心、全党的核心地位，坚决维护党中央权威和集中统一领导，全面增强党的领导水平和执政能力，推动党的执政方式和执政方略实现重大创新，为党和国家各项事业发展提供了根本保证。中共中央推进全面从严治党，勇于进行自我革命，以排山倒海之势正风肃纪，以雷霆万钧之力反腐惩恶，直击积弊、扶正祛邪，党的建设新的伟大工程呈现出崭新局面。党的领导和党的建设取得了历史性、开创性成就，党的面貌焕然一新。

随着中国特色社会主义进入新时代，中国已实现了从"赶上时代"到"引领时代"的伟大跨越。这在中华人民共和国发展史上、中华民族发展史上具有重大意义，在世界社会主义发展史上、人类社会发展史上也具有重大意义。这意味着，近代以来久经磨难的中华民族迎来了从站起来、富起来到强起来的伟大飞跃，迎来了实现中华民族伟大复兴的光明前景。这意味着，科学社会主义在 21 世纪的中国焕发出强大生机活力，在世界上高高举起了中国特色社会主义伟大旗帜。这意味着，中国特色社会主义道路、理论、制度、文化不断发展，拓展了发展中国家走向现代化的途径，给世界上那些既希望加快发展又希望保持自身独立性的国家和民族提供了全新选择，为解决人类问题贡献了中国智慧和中国方案。

新时代孕育了新的思想

　　任何一个伟大思想的孕育、提出与形成，都不是凭空臆想产生的，更不是人为编造的，而是时代与实践发展的需要。人们常说，时代是思想之母，实践是理论之源，说的就是这个道理。新时代孕育了习近平新时代中国特色社会主义思想，实现了马克思主义中国化的新飞跃，确保了中国的发展更加行稳致远。

任何伟大思想都是时代的产物

　　马克思是公认的"千年第一思想家"，是顶天立地的伟人，也是有血有肉的常人。两个世纪过去了，人类社会发生了巨大而深刻的变化，但马克思的名字依然在世界各地受到人们的尊敬，马克思的学说依然闪烁着耀眼的真理光芒。

　　尽管马克思是一位如此伟大的人物，马克思主义也不是他头脑中凭空想象出来的，同样无法离开他所生活的时代。马克思生活的时代，资本主义生产方式在西欧已经有了相当的发展。工业革命和科技进步极大地提高了劳动生产率，促进了生产力的发展。资本主义生产方式一方面带来了社会化大生产的迅猛发展，另一方面又造成了深重的社会灾难。

社会两极分化，工人极端困苦。机器大工业的发展，不仅没有改善工人的劳动和生活条件，而且使工人成为机器的附庸。资本家采取延长劳动时间、增大劳动强度、降低工人工资、廉价雇佣女工和童工等手段，拼命压榨工人血汗，无产阶级与资产阶级的矛盾不断加剧。

周期性经济危机频繁爆发。英国工业革命开始后，曾多次发生局部性经济危机，1825年爆发了第一次全国性经济危机。1836年和1847年又相继爆发了波及欧洲各主要资本主义国家的经济危机，每一次危机都对社会造成巨大的破坏。

令当时的人们深感困惑的是，财富的增加却伴随着贫困的扩散，生产的发展却引起经济危机，这究竟是怎么回事？应如何认识这些怪现象？如何说明资本主义这个"怪物"？人类未来的出路又在哪里呢？这些时代之问，思想之困，需要有人给予解答。

进入19世纪40年代后，马克思、恩格斯基于当时欧洲发达资本主义国家社会、阶级、思想条件，逐步从理论上系统地回答了人们的困惑和时代提出的课题，形成了改造世界并深刻影响世界发展进程的伟大的思想——马克思主义。此后，在马克思主义发展过程中产生的列宁主义、毛泽东思想、邓小平理论、"三个代表"

重要思想、科学发展观等思想理论，无一不是不同时代和实践发展的需要，无不推动社会历史的巨大发展进步。

中国特色社会主义进入新时代，这是一个需要思想而且一定能够产生思想的时代。作为当代中国马克思主义、21 世纪马克思主义，习近平新时代中国特色社会主义思想就是顺应新时代发展需要的伟大思想。

当今世界正处于百年未有之大变局之中。世界多极化、经济全球化、社会信息化、文化多样化深入发展，新一轮科技革命和产业变革蓬勃兴起，全球治理体系和国际秩序变革加速推进，和平、发展、合作、共赢的时代潮流不可阻挡。同时，世界面临的不稳定性、不确定性异常突出，单边主义、保护主义、霸权主义抬头，数字鸿沟和贫富差距扩大，极端主义和恐怖主义蔓延，网络安全、重大传染性疾病、气候变化等全球性挑战上升。世界怎么了？应该怎么办？这是整个世界都在思考的问题，也是当代中国共产党人必须回答的时代之问、世界之问。

当今的中国正处于实现中华民族伟大复兴的关键时期。新中国成立以来，特别是在改革开放以来取得的重大成就基础上，当今中国发展站到了新的历史起点之上。中国 GDP 规模自 2010 年以来位居世界第二位，中国的国际竞争力排名不断提升，2008 年为世界第 30 位、

2009 年为第 29 位、2010 年至 2011 年为第 27 位、2011
年至 2012 年为第 26 位，是金砖国家唯一进入前 30 位
的。2020 年中国的人均 GDP 再次超过 1 万美元，更是在
历史上首次超过俄罗斯、阿根廷等国。社会生产力水平
总体上显著提高，国家科技实力、国防实力、综合国力、
国际影响力显著提升。现如今，中国已具备过去难以想
象的良好发展基础，但同时必须认识到，中国的发展也
面临着各种可以预见的困难和问题，外部环境变化之快、
内部改革发展稳定任务之重、矛盾风险挑战之多、治国
理政考验之大，都是前所未有的。

当今的中国特色社会主义焕发出前所未有的生机活
力。20 世纪 80 年代末 90 年代初，世界社会主义遭受严
重曲折。有人宣称"历史已经终结"于以美国为代表的西
方资本主义制度，还有人妄称社会主义将终结于 20 世纪，
甚至臆测社会主义中国也会随着"多米诺骨牌效应"而倒
下。30 多年过去了，中国不但没有倒下，相反中国经受
住各种考验，腰杆挺得很直，而且越来越强大。人们正在
见证"历史终结论"的破产，"中国崩溃论"的崩溃，"中
国失败论"的失败。中国特色社会主义的成功，使世界上
正视和相信马克思主义和社会主义的人多了起来，世界范
围内两种意识形态、两种社会制度的历史演进及其较量发
生了有利于马克思主义、社会主义的深刻转变。

这些新情况新变化，给当代中国共产党人提出了一个重大时代课题，就是必须从理论和实践结合上系统回答在新的时代条件下坚持和发展什么样的中国特色社会主义、怎样坚持和发展中国特色社会主义，建设什么样的社会主义现代化强国、怎样建设社会主义现代化强国，建设什么样的长期执政的马克思主义政党、怎样建设长期执政的马克思主义政党。正是围绕回答这些重大理论和实践问题，习近平新时代中国特色社会主义思想得以创立。可以说，新时代的深刻变革催生了习近平新时代中国特色社会主义思想，习近平新时代中国特色社会主义思想回答了实践和时代提出的新课题。实践和理论的逻辑就是：新时代提出新课题，新课题催生新理论，新理论引领新实践。

新时代的行动纲领

人类社会的每一次进步，总是伴随着理论和实践的相互激荡。马克思主义是在人民求解放的实践中形成的，也是人民求解放的实践中丰富发展起来的强大精神力量。习近平新时代中国特色社会主义思想，就是这样的马克思主义，既源自实践又指导实践，是 14 亿中国人团结一致、不懈奋斗的行动纲领。

习近平新时代中国特色社会主义思想，具有鲜明的实践品格。马克思说，全部社会生活在本质上是实践的，哲学家们只是用不同的方式解释世界，问题在于改变世界。作为当代中国马克思主义、21 世纪马克思主义，习近平新时代中国特色社会主义思想坚持马克思主义科学性和实践性的有机统一，深刻回答了新时代党和国家发展面临的一系列重大理论和现实问题，贯穿着强烈的问题意识、鲜明的实践导向。这一思想是在研究问题、解决问题中丰富发展的，是在推动实践、指导实践中成熟完善的，集中体现了马克思主义者求真务实、实践第一的科学态度，充分展现了中国共产党人勇于创新、奋发有为的精神风貌。

习近平新时代中国特色社会主义思想是认识世界和改造世界的强大武器。它不仅是一个系统的理论体系，而且是一个指导中国这个世界上最大的发展中国家、最大的社会主义国家阔步前进的战略体系。它在指引人们认识世界、改造世界的过程中，展现出巨大的现实解释力和实践引领力，成为全党全国各族人民的思想之旗、精神之魂。

正是在习近平新时代中国特色社会主义思想指引下，中国共产党团结带领人民砥砺奋进、开拓进取，第一个百年奋斗目标全面建成小康社会得以顺利完成，中华民族伟大复兴又向前迈出了新的一大步。

　　面对世界经济复苏乏力、局部冲突和动荡频发、全球性问题加剧的外部环境，面对中国经济社会发展发生的一系列深刻变化，党中央以巨大的政治勇气和强烈的责任担当，出台一系列重大方针政策，推出一系列重大举措，推进一系列重大工作，解决了许多长期想解决而没有解决的难题，办成了许多过去想办而没有办成的大事，推动党和国家事业发生历史性变革。中国经济实力跃上新台阶，经济总量稳居世界第二；全面深化改革取得重大突破，中国特色社会主义制度更加完善；民主法治建设迈出重大步伐，国家治理体系和治理能力现代化水平明显提高；生态环境保护发生历史性、全局性变化，国防和军队改革取得历史性突破，新时代中国特色大国外交展现新气象、实现新作为；全面从严治党不断向纵深推进，反腐败斗争取得压倒性胜利。聚焦脱贫攻坚这个全面建成小康社会的重中之重，以前所未有的决心和力度推进脱贫攻坚，困扰中华民族几千年的绝对贫困问题历史性地画上句号。

　　这些历史性成就的取得，一方面充分体现了中国共产党高超的领导水平和执政能力，显示了中国特色社会主义制度和国家治理体系的显著优势和强大生命力；另一方面，充分彰显了习近平新时代中国特色社会主义思想的理论价值和实践力量。

　　正是在习近平新时代中国特色社会主义思想科学指引下，中国共产党团结带领人民披荆斩棘、攻坚克难，勇于进行具有许多新的历史特点的伟大斗争，成功应对前进道路上的各种风险挑战。

　　面对国际国内形势的深刻复杂变化，党中央坚持底线思维，增强忧患意识，统筹发展和安全两件大事，把防范化解重大风险摆在更加突出位置，有效化解了经济、科技、社会、网络、外交等领域的风险挑战，在中美经贸摩擦、钓鱼岛主权争议、中印边境冲突、南海主权和权益维护以及涉港、涉台、涉疆、涉藏、人权等一系列重大问题上敢于斗争、善于斗争，有力维护了中国国家主权、安全、发展利益，赢得了战略主动。特别是在极不寻常的 2020 年，新冠肺炎疫情突如其来，洪涝灾害多地发生，经济发展备受冲击，外部环境风高浪急，来自政治、经济、文化、军事、社会、国际、自然等领域的挑战纷至沓来。在泰山压顶的危难时刻，党中央高瞻远瞩、审时度势，准确研判、精心部署，果断采取行动，带领全党全军全国各族人民众志成城、迎难而上，进行了惊心动魄的艰巨斗争，经受住了惊涛骇浪的严峻考验，在这极不寻常的年份创造了极不寻常的辉煌，交出了一份令人民满意、世界瞩目、足以载入史册的答卷。

　　这些成绩的取得，是来之不易，很值得中国人自豪

的。究其原因，归根结底在于以习近平同志为核心的党
中央的坚强领导，在于习近平新时代中国特色社会主义
思想指引航向。

当今世界正经历百年未有之大变局，机遇和挑战都
前所未有。事实已经充分证明，推动中国朝着既定的目
标前进，就必须毫不动摇坚持习近平新时代中国特色社
会主义思想这个主心骨、定盘星。

中国人一直奉行一句话，新时代就得要有新气象、
新作为。中国共产党号召全体党员尤其党的领导干部
"不忘初心、牢记使命"，以永不懈怠的精神状态和一往
无前的奋斗姿态，开新局于伟大的社会革命，强体魄于
伟大的自我革命，在实现中华民族伟大复兴的征程中绘
就更加灿烂的时代画卷。

第 2 章
中国共产党的领导地位坚如磐石

中国共产党领导是我们最大的制度优势，是我们事业发展的强大支柱，是社会主义中国长期稳定发展的定海神针。进入新时代后，中国共产党为何提出加强党的全面领导？又是怎样在理论与实践层面上对这一根本制度进行重大调适与加以完善的？

　　长期以来，一些仇视中国的美国政客戴着"有色眼镜"，沉迷于妖魔化中国，并且多次恶意攻击中国共产党，企图用各种小伎俩离间中国共产党和中国人民的关系。如果这些政客但凡对中国近代以来的历史稍有了解，就不会不知道，正是在中国共产党的领导下，中国人民赢得了独立、自由和解放，摆脱了困扰几千年的绝对贫困，过上从未有过的全面小康生活。现如今，在中国960万平方公里的广袤土地上，中国共产党早已将根深深扎根于中国社会之中，九千多万名中共党员充盈着中国社会每一个毛细血管，赢得了中国人民最广泛的拥护和支持。

历史选择了中国共产党的领导

　　中国共产党的领导地位，不是某个势力拱手相让的，而是在长期艰苦卓绝的斗争中确立起来的。近代以后，中国逐步成为半殖民地半封建国家，一步步陷入民族危机的苦难中。中国人民面临着争取民族独立、人民解放和实现国家富强、人民幸福的两大历史任务。无数仁人志士奋起寻求救亡图存、振兴中华的道路，但都壮志未酬。

党的领导地位的确立

谁能够带领人民完成民族独立与人民解放这个历史任务并不断实现国家富强和人民幸福，谁就能够成为决定中国社会发展方向的领导力量。中国共产党诞生后，中国革命不仅有了正确的前进方向，而且中国革命的面貌很快焕然一新。在 28 年的浴血奋战中，中国共产党领导团结各族人民打败日本帝国主义，推翻国民党反动统治，完成新民主主义革命，建立了中华人民共和国，彻底结束了旧中国半殖民地半封建社会的历史，实现了中国从几千年封建专制政治向人民民主的伟大飞跃。

正如毛泽东所指出：在中国，事情非常明白，谁能领导人民推翻帝国主义和封建势力，谁就能取得人民的信仰。因为中国共产党顺应了历史的潮流，顺应了人民的呼声，完成了近代以来两大历史任务，历史和人民最终选择了党的领导。1949 年 9 月，中国人民政治协商会议第一届全体会议通过的具有临时宪法性质的《中国人民政治协商会议共同纲领》规定，中华人民共和国为新民主主义即人民民主主义的国家，实行工人阶级领导的、以工农联盟为基础的、团结各民主阶级和国内各民族的人民民主专政，反对帝国主义、封建主义和官僚资本主义，为中国的独立、民主、和平、统一和富强而奋斗。实际上，党的领导地位在这里以临时宪法的形式确立下来。

新中国成立后不久，1954 年制定的第一部宪法把党的领导地位正式载入其中。宪法序言指出，中国人民经过 100 多年的英勇奋斗，终于在中国共产党领导下，在 1949 年取得了反对帝国主义、封建主义和官僚资本主义的人民革命的伟大胜利，因而结束了长时期被压迫、被奴役的历史，建立了人民民主专政的中华人民共和国。我国人民在建立中华人民共和国的伟大斗争中已经结成以中国共产党为领导的各民主阶级、各民主党派、各人民团体的广泛的人民民主统一战线。这就从最高法律形式确认了党的领导地位，强调党的领导具有至关重要的作用，必须毫不动摇地坚持下去。自此之后，坚持党的领导是我国宪法一以贯之的基本精神。

坚持党的领导，是宪法确立的基本原则，也是一条政治原则。这是容不得任何怀疑和讨论的。但是，党的领导方式和领导体制是动态的，需要随着历史条件的变化而加以调整和完善。中国共产党的领导体制是长期革命战争年代形成的，这种体制对于保证党的坚强领导、发挥党的组织优势、夺取革命胜利发挥了极其重要的作用。随着党夺取全国政权以后，这种体制的弊端进一步表现出来，给党和人民的事业造成了巨大损失。如何使

党和国家避免重犯这样的历史性错误，成为改革开放和
社会主义现代化建设新时期党必须加以解决的重大课题。

　　党的领导制度的改革

　　改革开放后，中国开启了党的领导制度改革新起
点。从那以后40年左右时间，党的领导方式发生了很大
变化，党的领导制度逐步走向完善，党的历史地位愈加
巩固。

　　第一步，党的领导制度的全面恢复与初步改革。
1978年年底，中共十一届三中全会决定重新设立中央纪
律检查委员会，在中央委员会领导下进行工作，每届任
期五年，并选举产生了以陈云同志为首的中央纪律检查
委员会。1982年中共十二大对什么是党的领导作出了新
的概括，提出党的领导主要是思想政治和方针政策的领
导，是对于干部的选拔、分配、考核和监督，不应当等
同于政府和企业的行政工作和生产指挥。党不应当包办
代替它们的工作。这一规定为党的领导的正确定位提供
了依据。与之相适应，大会制定的新党章明确了全国党
代会的职权，规定召开全国党代会的程序、规则，确定
了它与中央委员会的关系。同时规定，党中央不设主席
只设总书记，总书记负责召集中央政治局、政治局常委
会议和主持中央书记处的工作；中央和省一级设顾问委

员会；党的各级纪律检查委员会由同级党的代表大会选举产生，并对中央以下的同级党委及其成员实行党章规定范围内的监督，对中央委员会成员违犯党纪的行为可以向中央委员会检举。与此同时，各级党组织也自上而下地恢复建立起来，特别是随着乡镇取代公社、村取代生产大队，基层党组织的设置也逐步健全。

第二步，党的领导制度改革的渐次展开与逐步深化。20 世纪 80 年代末 90 年代初，东欧发生剧变，许多社会主义国家的共产党纷纷失去执政地位。在这样的特殊历史背景下，如何坚持、加强和改进党的领导，成为当时中国共产党必须面对、思考和解决的重大问题。1992 年中共十四大明确提出，以党的领导为核心的四项基本原则是立国之本，是社会主义建设的政治保证；作为工人阶级先锋队的共产党是社会主义事业的领导核心，党必须适应改革开放和现代化建设的需要，不断改善和加强对各方面工作的领导，改善和加强自身建设。同时，十四大报告特别强调农村要进一步搞好以党支部为核心的村级组织建设；全民所有制企业要充分发挥党组织的政治核心作用。在历次改革基础上，2007 年中共十七大提出了多项关于党的领导制度改革的具体要求，如完善党的地方各级全委会、常委会工作机制，发挥全委会对重大问题的决策作用；严格实行民主集中制，健全集体领导与个人分工负责相结合的制度，反对和防止个人或少数人专断；建立健全中央政治局向中央委员会全体会议、地方各级党委常委会向委员会全体会议定期报告工作并接受监督的制度；等等。

第三步，党的领导制度的改革全面推动与纵深发展。随着中国特色社会主义进入新时代，党的领导制度改革也进入新的阶段。2013 年 11 月，中共十八届三中全会通过的《中共中央关于全面深化改革若干重大问题的决定》明确提出，全面深化改革必须加强和改善党的领导，充分发挥党总揽全局、协调各方的领导核心作用。以此为标志，党的领导制度全面改革正式启动。经过近 10 年的努力，在以习近平同志为核心的党中央的领导下，党的领导制度改革和建设取得了历史性进展。这主要包括：提出坚持和加强党的全面领导，进一步健全维护党中央权威和集中统一领导的制度；明确要求全党要增强"四个意识"、坚定"四个自信"，做到"两个维护"；党中央成立多个决策议事协调机构，健全对重大工作的领导体制；完善向党中央请示报告制度；对党和国家机构进行了改革和重构。此外，在完善党的领导体系、政府治理体系、武装力量体系、群团工作体系上，也进行了重大改革，强化了党对各个系统的全面领导。

实践证明，党的领导体制和领导方式的不断改革与完善，不仅有利于提高党的执政能力及领导水平，而且也日益巩固党的执政地位和领导地位，使党更好地担负起中国特色社会主义事业的坚强领导核心地位和历史使命。

维护党中央权威和集中统一领导成为共识

巩固中国共产党的领导地位，首先要维护党中央权威和集中统一领导。这是马克思主义政党的一个基本特质，也是一个基本要求，更是历史经验的深刻启示。

历史上的前车之鉴

早在创建和领导无产阶级政党的过程中，马克思、恩格斯就曾坚决反对无政府主义倾向，对巴枯宁所主张的"支部自治、各自治小组的自由联合、反权威主义、无政府状态"等观点进行了严厉批判，明确提出无产阶级政党必须凝聚自己的所有力量，强调如果每一个支部、每一个人都各行其是，党就只能陷入瓦解，就不能成为坚强统一的组织。马克思、恩格斯在总结巴黎公社失败教训时强调：巴黎公社遭到灭亡，就是由于缺乏集中和权威。后来，列宁在领导俄国革命斗争中也深刻指出：在历史上，任何一个阶级，如果不推举出自己的善于组织运动和领导运动的政治领袖和先进代表，就不可能取得统治地位。由此可见，集中和权威是无产阶级革命胜利所不可缺少的前提条件。

也正是因为有布尔什维克党的集中统一领导，列宁领导下的俄国布尔什维克才战胜各种错误思想和分裂力量，取得十月革命的胜利，创建了世界上第一个社会主义国家。与之相比照，苏联解体的一个重要原因，就是放弃了苏共集中统一领导原则，实行所谓各级党组织自治，从思想混乱演变到组织混乱，致使这个曾经的大党老党轰然倒塌。

作为马克思主义政党，中国共产党一开始就是按照民主集中制组织起来的统一整体，并始终重视维护党中央权威和集中统一领导。1922 年，中共二大通过的第一部党章规定：全国大会及中央执行委员会之议决，本党党员皆须绝对服从之。1928 年，党中央在《关于各省委对中央的报告大纲》中，对报告的时间、种类、内容及保密要求等作出详细规定。1938 年中共六届六中全会再次明确提出：个人服从组织，少数服从多数，下级服从上级，全党服从中央，党的一切工作由中央集中领导，是党在组织上民主集中制的基本原则。为此，中共中央相继制定《关于中央委员会工作规则与纪律的决定》《关于统一抗日根据地党的领导及调整各组织间关系的决定》

《关于健全党委制的决定》等，明确要求全党加强集中统一领导。1945年，党的七大把"四个服从"作为民主集中制的基本要求写入党章，并强调"四个服从"最根本的是全党服从中央。

新中国成立之初，毛泽东就强调指出：为了建设一个强大的社会主义国家，必须有中央的强有力的统一领导，必须有全国的统一计划和统一纪律，破坏这种必要的统一，是不允许的。为此，党中央及时在中央人民政府建立党组，规定政府工作中一切主要的和重要的方针、政策、计划和重大事项，必须经过党中央讨论和决定或批准；成立中央政治局和书记处领导的财经小组、政法小组、科学小组、文教小组、外事小组，全面领导有关工作。1954年中共七届四中全会通过的《关于增强党的团结的决议》也强调，党的团结的唯一中心是党的中央，必须把任何地区、任何部门的党的组织及其工作看作是在中央统一领导下的整个党及其工作的不可分割的一部分。

改革开放后，中国共产党对坚持集体领导、维护党的集中统一提出明确要求，确立党总揽全局、协调各方的基本原则，制定中央政治局、中央政治局常委会的工作规则，探索建立党内巡视制度，并把维护党中央权威、贯彻执行党的路线方针政策情况作为党内监督的首要任务。这些严格而重大的制度机制，较为有力地推动了维护党中央权威和集中统一领导的具体化、制度化、规范化。

日益成熟的领导体制

经过多年的实践探索，尤其是经过新时代的全面深化改革，中国共产党在如何维护党中央权威和集中统一领导方面有了很多新的认识、积累了很多经验，并把实践成果和理论成果转化成制度成果。概括起来主要包括以下四点。

一是健全党中央对重大工作的领导体制，完善原中央财经领导小组工作机制，成立全面深化改革、国家安全、网络安全和信息化、军民融合发展等重要领域的决策议事协调机构，在中央政治局及其常委会领导下，加强顶层设计、统筹协调、整体推进、督促落实；深化党和国家机构改革，适当归并党中央决策议事协调机构，统一各委员会名称，进一步完善党中央对重大工作的领导体制。

二是完善推动党中央重大决策落实机制，从中央到地方制定责任清单，化解部门分歧，消除条块梗阻；建立定期就习近平总书记重要指示批示和党中央决策部署贯彻落实情况"回头看"和报告、通报制度，切实解决贯彻落实中的困难和问题，确保党中央政令畅通、令行禁止。

三是严格执行向党中央请示报告制度，制定《中国共产党重大事项请示报告条例》，确立请示报告的工作体制，对请示报告什么、怎么请示报告等基本问题作出全面规定；涉及党和国家工作全局的重大方针政策，经济、政治、文化、社会、生态文明建设和党的建设中的重大原则和问题，国家安全、港澳台侨、外交、国防、军队等党中央集中统一管理的事项，以及其他只能由党中央领导和决策的重大事项，必须向党中央请示报告。超出自身职权范围的事项必须请示报告，在自身职权范围内关乎全局、影响广泛的重要事情和重要情况也应当请示报告。

四是健全维护党的集中统一的组织制度，明确规定各级党组织、党员领导干部的职责定位。党中央是大脑和中枢，对党和国家事业发展重大工作实行集中统一领导，必须有定于一尊的权威。党的地方组织的根本任务是确保党中央决策部署贯彻落实，牢固树立一盘棋意识，有令即行、有禁即止。党组坚决贯彻落实党中央以及上级党组织决策部署，充分发挥把方向、管大局、保落实的重要作用。

新时代以来，面对严峻复杂的国内外形势，中国之所以能战胜一系列重大风险挑战，推动党和国家事业取得历史性成就、发生历史性变革，推动中国国际影响力、感召力、塑造力全面显著提高，使"中国之治"与"西方之乱"形成鲜明对比，根本在于坚决维护习近平总书记党中央的核心、全党的核心地位，坚决维护党中央权威和集中统一领导。

实践充分证明，在中国，只有不断完善坚定维护党中央权威和集中统一领导的各项制度，才能更好坚持和加强党的领导，更好发挥党的领导这一最大制度优势，确保党和国家各项事业的发展。

党的全面领导在坚持中发展

在中国，不仅要坚持中国共产党的领导，而且要坚持中国共产党的全面领导。有人会问，什么是党的全面领导？为什么要坚持党的全面领导？或者说，为什么党是领导一切的呢？

党的全面领导是基本原则

列宁在领导俄国革命和探索苏联社会主义建设实践中，坚持把无产阶级政党领导作为"社会主义胜利的唯一保证"，指出国家政权的一切政治经济工作都由工人阶级觉悟的先锋队共产党领导。中国共产党成立后，秉持马克思主义建党学说和国家学说，不断深化拓展对党的领导的规律性认识和实践。毛泽东指出，工、农、商、学、兵、政、党这七个方面，党是领导一切的；须制定一种较详细的党内法规，以统一各级领导机关的行动。长期以来，正是因为党的全面领导这个根本原则始终得以坚持，党领导的革命、建设和改革事业才避免出现颠覆性错误，前进的方向有了根本的保证。

当然，坚持党的全面领导在实践和认识中也曾出现过曲折和干扰。一个时期以来出现了党的领导被忽视、淡化、削弱的状况，以及管党治党宽松软的严重问题。事实确实如此，一个时期以来，有的人在这个问题上讳莫如深、语焉不详甚至搞包装，没有前提地提党政分开，结果弱化了党的领导，削弱了党的建设。近年来，党中央直面党内存在的问题，不遗余力地推进全面从严治党，理直气壮地提出坚持和加强党的全面领导，实现了党的领导问题上的正本清源。

历史正反两方面经验表明，坚持党的全面领导并不是党政不分、以党代政，而是要按照总揽全局、协调各方的原则，在同级各种组织中发挥领导作用。习近平总书记指出：党的领导必须是全面的、系统的、整体的，必须体现到经济建设、政治建设、文化建设、社会建设、

生态文明建设和国防军队、祖国统一、外交工作、党的
建设等各方面。哪个领域、哪个方面、哪个环节缺失了
弱化了，都会削弱党的力量，损害党和国家事业。

党的全面领导落实到治国理政之中

党的全面领导不是口头上的，也不是书面上的空洞
文字，而是应该贯穿党治国理政的全过程。新时代以来，
党中央建章立制，把党的全面领导的原则落到实处。

建立健全党领导人大、政府、政协、监察机关、审
判机关、检察机关、武装力量、人民团体、企事业单位、
基层群众自治组织、社会组织等制度；严格执行《中国
共产党地方委员会工作条例》，充分发挥党的地方委员会
在本地区总揽全局、协调各方的领导核心作用，把方向、
管大局、作决策、保落实；严格执行《中国共产党党组
工作条例》，遵循党组工作的组织原则、决策与执行的相
关规定；完善和落实民主集中制各项制度，健全"三重
一大"决策监督机制；完善党员、干部联系群众制度，
健全联系广泛、服务群众的群团工作体系，健全基层党
组织领导的充满活力的基层群众自治制度。

建立完善党领导各项事业的具体制度，健全党领导
经济社会各方面重要工作的制度规定，确保党管干部、
党管人才、党管意识形态、党对经济工作的领导、党对

政法工作的领导、党管农村工作、党管办学方向等落到实处；改进完善党领导实施重大战略的制度机制，围绕打赢三大攻坚战、实施"七大战略"、"一带一路"建设、东北全面振兴、京津冀协同发展、长江经济带发展、粤港澳大湾区建设、长三角一体化发展、黄河流域生态保护和高质量发展等重大战略，健全党统一领导、统筹协调、督促检查的具体制度，形成科学的协同机制。

健全完善党和国家机构职能体系，巩固机构改革成果，推进机构编制法定化，构建系统完备、科学规范、运行高效的党和国家机构职能体系；发挥党的职能部门作用，优化党的组织、宣传、统战、政法、机关党建、教育培训等部门职责配置，优化设置各类党委办事机构，优化规范设置党的派出机关，加强对相关领域、行业、系统工作的领导；加强党政机构职能统筹，进一步理顺党政机构职责关系，发挥好党的职能部门统一归口协调管理职能，统筹本领域重大工作，形成统一高效的领导体制，保证党实施集中统一领导，保证其他机构协同联动、高效运行。

推进党的全面领导入法入规，把党的主张依照法定程序转化为国家意志，成为全社会一体遵循的行为规范和活动准则，从法律制度上保证党的理论和路线方针政策的贯彻实施；及时将党在经济、政治、文化、社会、

生态文明建设等方面的决策部署转化为法律法规；在重
要法律法规中明确规定党的全面领导的法律地位，党的
领导相关工作、党的组织建设、党组织活动的法律法规
保障。

　　制定新形势下党内政治生活的若干准则，出台中央
政治局加强和维护党中央集中统一领导的若干规定，严
明党的政治纪律和政治规矩，防止和反对个人主义、分
散主义、自由主义、本位主义、好人主义等，发展积极
健康的党内政治文化，推动营造风清气正的良好政治生
态。提高党的领导干部提高政治判断力、政治领悟力、
政治执行力，胸怀"国之大者"，对党忠诚、听党指挥、
为党尽责。

　　说一千道一万，坚持党的全面领导，健全党的全面
领导制度，最终目的就是要把党的领导这个最本质要求
坚持好，把这个最大的制度优势发挥出来。

治国理政能力的全面提升

　　1949 年春，毛泽东率领党中央离开西柏坡前夕，提
出了"进京赶考"的历史命题。自此，中国共产党人开
始了探索治国理政能力的伟大征程。这是加强和改善党
的领导必须面对的新课题，也是一篇永无止境的答卷。

执政能力建设的探索历程

执政的中国共产党应该是一个什么样的党，怎样建设这个党？这个问题看似简单，但是解决起来其实并不容易。苏联共产党探索了70多年也未能解决好这个问题，最后丧失了执政地位。同时，20世纪90年代世界上其他一些长期执政的大党、老党纷纷下台，也给中国共产党以深刻的警醒。这些党执政失败的原因非常复杂，不能简单地归结于某一个方面。但最根本的一条，恐怕还是因为缺乏执政能力，在时代剧变之下不能满足人民的需求。因而，党要保持长期执政地位，就必须顺应时代的变化和历史方位的变化，不断提高执政能力和领导水平，推动和保持经济的持续快速发展，满足人民不断增长的需求。

正是居于这样一个重大判断，中国共产党开始高度重视强化执政意识，主动提高自身的领导水平和执政能力。1992年中共十四大提出，加强和改进党的建设就要"努力提高党的执政水平和领导水平"。1994年9月，中共十四届四中全会通过的《关于加强党的建设的几个重大问题的决定》明确要求，党的高级干部必须努力成为善于治党治国的政治家，应该"具有较强的领导能力，讲究领导艺术，审时度势，驾驭全局，善于协调各方面的力量"。在总结多年探索和认识基础上，2002 年 11 月，中共十六大从关系党的执政地位的高度，郑重向全党提出加强执政能力建设的重大命题和重大战略任务。2004 年 9 月，中共十六届四中全会还专门就加强党的执政能力建设问题进行研究，审议通过《关于加强党的执政能力建设的决定》，鲜明提出了科学执政、民主执政、依法执政的重要思想，明确了加强党的执政能力建设的总体目标、主要任务以及工作部署。这标志着中国共产党关于执政能力建设理论认识已基本成熟。

进入新时代，党中央在全面从严管党治党基础上，适应国家治理面临的新形势新任务，放眼世界，总揽全局，运筹帷幄，直面问题，对国家治理的重大制度安排进行顶层设计，推进各领域体制机制改革创新，不断提高治国理政水平，全面推进党、国家、社会各方面事务治理制度化、规范化、法治化，加快推进国家治理体系和治理能力现代化，为国家长治久安奠定坚实的制度基础。

特别值得注意的是，近年来，党中央多次谈到"加强党的长期执政能力建设"这个新命题，与以往"加强党的执政能力建设"提法相比，虽然仅差两个字，但内涵丰富、意蕴深刻，标志着党对新时代党的历史方位转变的认识更加明晰，对长期执政条件下面临风险考验的更加科学的把握，彰显了党对新时代党的执政规律和自身建设规律的认识水平达到新的高度。

众所周知，一个执政党能否赢得人民认可，最终还是要看国家治理成效的好坏。一个政党即使上台执政，如果治理能力匮乏、治理效能低下，那么这个社会就不可能持续发展进步，国内必然问题丛生、社会动荡不安、内部冲突频繁，其结果当然是失去人民的支持而黯然下台。与当今世界包括西方国家在内的很多国家治理状况相比，中国经历了40多年的持续快速发展，取得的成就举世瞩目、世界公认。可以说，中国的成功主要归功于中国共产党的高超的领导能力和有效治理水平。

提高治国理政能力的新路径

对于中国共产党来说，长期执政既要政治过硬、组织坚强，也要能力过硬、本领高强。只有执政本领高强，党才能立于不败之地。近年来，党中央从巩固党的执政地位高度，从坚持和完善党的领导制度体系的要求出发，从全面建设社会主义现代化国家的战略考量，为如何健全提高党的执政能力和领导水平明确了新路径。

完善发展党内民主和实行正确集中的体制机制。民主集中制是党的根本组织原则，是党内政治生活正常开展的重要制度保障。全面贯彻党的组织制度、领导制度、

决策制度，严格落实党的代表大会制度、党内选举制度、
维护党员民主权利制度、党内生活和党内监督制度；坚
持集体领导制度，任何组织和个人在任何情况下都不允
许以任何理由违反这项制度，凡属重大问题，要按照集
体领导、民主集中、个别酝酿、会议决定的原则；完善
发展党内民主各项制度，党内决策、执行、监督等工作
必须执行党章党规确定的民主原则和程序；建立健全充
分反映党员和党组织意愿的党内民主制度，尊重党员主
体地位、保障党员民主权利；完善党的代表大会制度，
落实党代表大会代表任期制；健全党内情况通报、情况
反映制度，畅通党员表达意见渠道。

　　健全决策科学、执行坚决、监督有力的制度。科学
民主依法决策是决策机制和程序的核心内容。完善先调
研后决策的重要决策调研论证制度，以及领导、专家、
群众相结合的决策机制，群众参与、决策论证等具体制
度；完善决策风险评估机制，坚持"应评尽评、综合评
估、风险可控"，从源头上预防矛盾和纠纷的发生。强化
决策的执行、评估、监督，完善党委会（党组）议事规
则和决策程序，健全常委会向全委会定期报告并接受监
督制度，探索建立上级党组织在作出同下级组织有关重
要决策前征求下级组织意见的制度。健全决策执行制度，
切实提高决策执行效力和落实效果；健全决策评估论证

机制，进行充分论证和评估；完善决策督查和反馈机制，加强决策执行的跟踪；完善重大决策终身责任追究制度及责任倒查机制。

改进和完善党的领导方式和执政方式。完善地方党委、党组、党的工作机关实施党的领导的体制机制，强化党的组织在同级组织中的领导地位，理顺党的组织同其他组织的关系，加强党对全局重大工作的全面领导；建立健全国有企业党委（党组）和农村、事业单位、街道社区等的基层党组织发挥领导作用的制度规定；坚持党的全面领导的要求载入政协、民主党派、工商联、人民团体、国有企业、高等学校、有关社会组织等的章程，健全党对这些组织实施领导的制度规定，确保其始终在党的领导下积极主动、独立负责、协调一致地开展工作。增强各级党组织政治功能和组织力，完善强化各级各类党组织政治属性和政治功能的相关制度，持续整顿软弱涣散基层党组织，优化组织设置和活动方式创新，扩大基层党的组织覆盖和工作覆盖；积极实施党支部工作条例，坚持和完善"三会一课"、民主评议党员、主题党日等基本制度，推进支部标准化规范化建设；建立健全党委（党组）及其成员履职考核制度，完善工作保障制度，推动党组织在各个层级各个领域发挥核心领导作用。

建立健全增强党的执政本领的制度。党和国家事业越发展，对领导干部的能力要求必然越高。近年来，党中央按照建设高素质专业化干部队伍的要求，建立源头培养、跟踪培养、全程培养的素质培养体系，健全需求调研、组织调训、教学组织管理、考核评价、质量评估、督查等制度，加强以习近平新时代中国特色社会主义思想为中心内容的理论教育，抓好党性教育、专业能力培训、知识培训，引导广大干部全面增强执政本领；建立健全干部实践锻炼激励保障机制，创新干部交流轮岗机制，注重在基层一线和困难艰苦地区培养锻炼干部，对有潜力的优秀年轻干部要放到吃劲岗位、重要岗位经受磨炼，引导广大干部在实践中经风雨、见世面、壮筋骨、长才干；完善干部到重大斗争一线经受历练的制度措施，引导干部强弱项、补短板，学真本领，练真功夫，真正做到在大是大非面前敢于亮剑，在矛盾冲突面前敢于迎难而上，在危机困难面前敢于挺身而出，在歪风邪气面前敢于坚决斗争。

中国共产党得到人民广泛支持和认同

经过近 10 年的持续努力，党中央权威和集中统一领导得到有力保证，党的领导制度体系不断完善，党的领导方式更加科学，党的政治领导力、思想引领力、群众组织力、社会号召力显著增强，中国特色社会主义制度优势得以更好地发挥。所有这一切，为确保新时代国家发展稳定安全，起到了决定性作用。

　　现如今，中国已使8亿人口摆脱了绝对贫困，成为全球首个实现联合国"无贫困"目标的发展中国家。中国的全民医保体系已基本建立，正向高质量稳步发展。中国人均寿命已超76岁，还在继续提高。中国儿童义务教育入学率已接近100%。高等教育毛入学率达57.8%，迈入普及化阶段。中国人民的智慧和创造力充分发挥，在众多科技领域取得了举世瞩目的成就，其中不少还属全球领先。中国最先控制住史无前例的新冠肺炎疫情，将疫情对人民生命健康的损害降到了最低，并在全球率先成功恢复经济。这一切印证了中国共产党的坚强伟大，说明这个党真正心系人民。

　　显然，检验一个政党有没有生命力，合不合格，可以有很多个角度和指标，但最关键的还是看是否得到人民的广泛支持和认同。近年来，美国哈佛大学肯尼迪政府学院在中国进行13年连续调研后，得出这样一个报告数据：中国人民对中国共产党领导的中国政府满意度高达93%。这不是一个简单的数字，其背后充分反映中国共产党得到中国人民最广泛的认同、最强烈的支持。同时，这个数字也充分表明，中国共产党始终依靠人民、服务人民、深深地扎根于人民的历史足迹与客观现实。从 1921 年成立之初的 50 多名党员，到今天遍布各行各业的 9500 多万名党员，中国共产党经历 100 多年的发展，吸引力、凝聚力和战斗力不断增强，生命力始终蓬勃旺盛。其中一条重要经验便是：坚持以人民为中心。

中国共产党人能不能打仗，新中国的成立已经说明了；中国共产党人能不能搞建设搞发展，改革开放的推进也已经说明了。但是，中国共产党人能不能在日益复杂的国际国内环境下始终坚持住党的领导，仍然需要一代又一代共产党人继续作出回答。

第3章
党内政治生态整体性重塑

中国共产党作为执政党，其内部政治生态与自然生态一样，如果被污染了，那就祸患无穷。进入新时代后，中国共产党是如何破解党内多年的积弊？又是如何重塑党内政治生态的？党内政治生态发生了怎样的变化？

要读懂新时代的中国，就必须读懂新时代的中国共产党。进入新时代，中国发生了历史性变化，其中最为引人注目的就是中国共产党自身的变化，即党内政治生态的整体性重塑。这些重大变化，离不开中国共产党不断地自我革命和不遗余力地全面从严治党。那么，为什么中国共产党要以雷霆万钧之势推进全面从严治党？为什么要进行"刀刃向内、拿自己开刀"的自我革命？原因其实再简单不过，因为这关系到党和国家事业的成败，关系到我们能不能跳出历史周期率。

"八项规定"破解作风难题

2012 年年底，中央政治局会议审议通过关于改进工作作风、密切联系群众的八项规定，全面从严治党由此破题。八项规定颁布以来，当初 600 余字的规定带来了新时代党的作风的深刻变化，政风焕然一新，社风民风持续向好。自此之后，八项规定成为新时代加强党的作风建设的代名词。

"八项规定"的出笼

众所周知，人心向背看作风，人们对一个政党的评价最直接的依据就是其展现出的作风的好坏。

中国共产党历来重视自身的作风建设，把它视之为关系党生死存亡的大事。但是，一个时期以来，由于外部环境的影响、诱惑以及管党治党上的宽松软，一些党员领导干部党性意识日益淡薄、群众观念日益模糊、艰苦奋斗作风逐步丧失，不思进取、得过且过，漠视群众、脱离实际，形式主义、官僚主义，弄虚作假、虚报浮夸，铺张浪费、贪图享受，以权谋私、骄奢淫逸之风日益蔓延，更有甚者互相攀比，讲排场、讲面子、讲奢侈，出行必定前呼后拥，穿戴必定高端名牌，出入必定私人会所，等等。这些极不正常的作风和行为，在群众中引发了强烈的不良影响，严重损害了党的形象，也带坏了整个党风和社会风气。

党的作风上存在的这些严重问题，引起了十八届党中央的高度关注。2012 年 11 月 15 日，在十八届中央政治局常委与媒体见面会上，新当选中共中央总书记习近平说：新形势下，我们党面临着许多严峻挑战，党内存在着许多亟待解决的问题。尤其是一些党员干部中发生的贪污腐败、脱离群众、形式主义、官僚主义等问题，必须下大气力解决。这段讲话，切中了党内问题的要害。

那么，到底怎么解决党内存在的这些问题呢？又该从何入手？说白了，就是要解决"老虎吃天不知从哪儿下口"的问题。习近平总书记经过慎重考虑，决定从抓八项规定入手，下口就要真正把那块吃进去、消化掉，不要这吃一嘴那吃一嘴，囫囵吞枣，最后都没有消化。这里所提到的八项规定，就是新时代中国共产党解决自身问题的突破口。

实际上，八项规定最初主要是针对中央政治局成员而提出来的。2012年12月4日，在中共中央政治局会议上，习近平总书记强调：新一届中央领导集体要定规矩，这是很重要的规矩。没有规矩，不成方圆。从我们在座各位做起来，新人新办法。在这次会议上，中央政治局审议通过了关于改进工作作风、密切联系群众的八项规定。正如习近平总书记所说，改进工作作风的任务非常繁重，中央八项规定是一个切入口和动员令。它既不是最高标准，更不是最终目的，只是改进作风的第一步，是共产党人应该做到的基本要求。

为推动八项规定的贯彻实施，中共中央和中央有关部门针对八项规定中有关事项，制定并下发配套文件，规范党政机关和党员干部的日常行为。譬如，《关于在全国纪检监察系统开展会员卡专项清退活动的通知》旨在遏制过年过节送礼、高档会所享受等不正之风;《关于党政机关停止新建楼堂馆所和清理办公用房的通知》特别规定，各级党政机关一律不得以任何形式和理由新建楼

堂馆所，严格控制办公用房维修改造项目，全面清理党
政机关和领导干部办公用房，各级干部办公用房严格按
照标准配备，绝不允许超标准用房;《党政机关厉行节约
反对浪费条例》从总体上对经费管理、国内差旅、因公
临时出国（境）、公务接待、公务用车、会议活动、办公
用房、资源节约等方面作出全面规范，为党政机关做好
节约工作、防止浪费行为提供了总依据和总遵循;《中央
和国家机关差旅费管理办法》，对公务员出差期间的交通
费、住宿费、伙食补助费等制定了详细而严格的标准，
从吃住行等方面严格限制超标准的行为，并且规定各类
花费必须凭公务卡依据报销，从而堵住了差旅费上的腐
败;《党政机关国内公务接待管理规定》就党政机关国内
公务接待管理，厉行勤俭节约，反对铺张浪费等作出规
定，要求公务接待中不得提供高档菜肴、香烟、高档酒
水，不得超标准安排住房，不得违反规定实行交通管控，
不得组织旅游和与公务无关的参观等。这些党内法规的
出台，为党政机关套上了"紧箍咒"，甚至连晚会举办、
年节贺卡与礼物等具体问题都有专门管理办法，一张厉
行勤俭节约、反对铺张浪费的制度之网就此织就。

　　党内法规能否发挥作用，不仅要看制度是否得到有
效执行，而且更要看党员领导干部是否带头执行。习近
平总书记指出：各级领导干部要以身作则、率先垂范，

说到的就要做到，承诺的就要兑现，中央政治局同志从我本人做起。他既是这么要求党员领导干部的，自己也是这么去做的。中共十八大以来，习近平总书记深入基层，心系群众，带头执行八项规定，以实际行动表明了扫除作风之弊的决心，彰显了共产党人的政治本色和为民情怀。党中央在执行八项规定上的身体力行，为各级党组织、地方及党员干部起到了率先垂范的作用，有力地推动了八项规定的落地生根。

八项规定打响了新时代党的作风建设"当头炮"，遏制党内不正之风蔓延，好的作风也开始显现出来。历史反复证明，对于一个执政党而言，作风建设不可能一蹴而就。2017年10月，中共十九届中央政治局会议审议通过的《中共中央政治局贯彻落实中央八项规定的实施细则》提出，贯彻执行中央八项规定是关系我们党会不会脱离群众，能不能长期执政、能不能很好履行执政使命的大问题。实际上，这一方面表明党中央贯彻执行八项规定的强大决心，另一方面再次彰显党中央全面从严治党永远在路上的坚决态度。

集中力量向"四风"宣战

如果说八项规定打响了新时代党的作风建设第一炮，那么向"四风"宣战则是第二炮。长期以来，中国共产党都旗帜鲜明地反对形式主义、官僚主义、享乐主义和奢靡之风，但"四风"问题依然不绝于党内。

党内形式主义主要表现在，一些地方的干部成天赶"秀场"，挂横幅、登台面、上镜头。一些地方的干部埋头于文山会海、迎来送往、检查评比、总结汇报，"认认真真走过场，扎扎实实做样子"。有的干部下基层调研走马观花，坐在车上转，隔着玻璃看，只看"门面"和"窗口"，不看"后院"和"角落"。更有一些地方搞不切实际的高指标，搞虚报浮夸的假政绩，搞沽名钓誉的形象工程，形式主义作祟结出的恶果只能由群众来"埋单"。

党内官僚主义主要表现在，一些干部脱离实际、脱离群众，高高在上、漠视现实，对人民群众的疾苦或心中无数或视而不见，麻木不仁、置若罔闻。一些干部官气十足，唯我独尊，专横跋扈，听不得不同意见。一些干部遇事推诿、怕担责任，办事拖拉、敷衍塞责，门难进、脸难看、话难听、事难办。还有一些干部，眼里只有领导没有群众，对上吹吹拍拍、曲意逢迎，对下吆五喝六、作威作福，"不怕群众意见大，就怕领导印象差"。

党内享乐主义主要表现在，一些干部意志消沉、信念动摇，认为"理想是空的，政治是假的，吃喝玩乐才是真"。他们奉行及时行乐的人生哲学，"今朝有酒今朝醉""人生得意须尽欢",追求吃得好、玩得痛快、住得舒服,享受所谓的"人间乐趣"。一些干部为了追求"舒适"目标,不惜铤而走险,大肆索贿受贿,最终沦为阶下囚和人民的罪人。

党内奢靡之风主要表现在,一些干部的心中艰苦奋斗已渐行渐远,群众观念日渐模糊,甚至完全淡忘。一些地方的楼堂馆所,搞得富丽堂皇,吃喝玩乐一应俱全,铺张浪费、挥霍无度。有的干部要求超规格接待,住豪华酒店,吃山珍海味,喝美酒佳酿。有的干部在高档场所、名山秀水流连忘返、乐不思蜀。还有的地方财政经费也敢拿来乱花,甚至扶贫款项也敢拿来挥霍,奢靡之风之盛、贪婪之风之甚让人瞠目结舌。

从这种种表现来看,"四风"问题的根源是一些党员干部抛弃了群众路线,背离了以人民为中心的理念,违背了为人民服务的宗旨,严重损害了党与群众的联系,严重侵蚀了党执政的群众基础。

"四风"问题的存在,其危害性是不言而喻的。

形式主义实质是主观主义、功利主义,根源是政绩观错位、责任心缺失,用轰轰烈烈的形式代替了扎扎实实的落实,用光鲜亮丽的外表掩盖了内在的矛盾和问题。官僚主义实质是封建残余思想作祟,根源是官本位思想严重、权力观扭曲,做官当老爷,高高在上,脱离群众,脱离实际。有些领导干部爱忆苦思甜，口头上说是穷苦家庭出身，是党和人民培养了自己，但言行不一，心里想的是自己当上官了，终于可以扬眉吐气了，要好好享受一下当官的尊荣，摆起官架子来比谁都大。享乐主义实质是革命意志衰退、奋斗精神消减，根源是世界观、人生观、价值观不正确，拈轻怕重，贪图安逸，追求感官享受。奢靡之风实质是腐朽生活方式的反映，根源是思想堕落、物欲膨胀，灯红酒绿、纸醉金迷。

总之，"四风"的后果，就是浪费了有限资源，延误了各项工作，疏远了人民群众，败坏了党风政风，最终严重损害党的先进性和纯洁性、严重损害党的执政基础和执政地位。

为有效扫除作风之弊、行为之诟，夯实党与人民的血肉联系的基础，中共中央决定从 2013 年 6 月起至 2014 年 10 月，利用一年多时间在全党范围内从上至下，开展一次以为民务实清廉为主要内容，聚焦于"四风"的群众路线教育实践活动。这次群众路线教育实践活动，是全面从严治党的重大战略部署之一。它有效稳固了党同人民群众的血肉联系，重新塑造了党在群众中的威信和形象，加强和改进了党的作风建设，凝聚了党心民心。

八项规定出台实施和群众路线教育活动有效开展，为全体党员上了一堂生动的作风之课，扫除了党内长期存在的作风之弊，使党风政风民风焕然一新。

随着八项规定的逐步落地，党中央又提出聚焦新形势下的突出问题，狠刹形式主义、官僚主义。中共十九大闭幕后不久，习近平总书记就作出重要指示，强调要针对表态多调门高、行动少落实差等突出问题，拿出过硬措施，扎扎实实地改进。随后，中共中央办公厅印发《关于解决形式主义突出问题为基层减负的通知》，聚焦"四个着力"规定了具体举措；中央纪委办公厅《关于贯彻落实习近平总书记重要指示精神集中整治形式主义、官僚主义的工作意见》提出了重点整治的各类突出问题。

经过全党上下共同努力，党内形式主义、官僚主义等突出问题得到较好的整治，形形色色的"四风"现象得以收敛，党的作风建设由此逐步走向纵深。

为党的作风立规矩

没有规矩，不成方圆。纪律是刚性约束，而规矩是自我约束。纪律不可能囊括所有规矩，所以守纪律是底线，作为中共党员，还必须守规矩。

规矩是在长期实践中形成的政治规则、组织约束、优良传统和工作习惯。中共十八大以来，党中央通过各种党内教育活动，以及开展党内政治生活，使全体党员接受一次又一次实事求是优良作风教育，重新恢复和发扬理论联系实际的优良传统；高度重视恢复群众路线，中央政治局常委带头走到群众中去，同时在全党范围开展了一次群众路线教育实践活动，通过集中学习与实践，广大党员干部群众意识和群众观念得到了大幅增强，中国共产党的群众路线得到了恢复和继承；发扬批评与自我批评的优良传统，要求全体党员大胆使用、经常使用批评与自我批评这个武器，敢于揭短亮丑、真刀真枪、见筋见骨，不断清除党内各种政治灰尘和作风弊端。

党中央不仅重视发扬优良传统，更重视扎紧织密制度笼子，推动作风建设的标本兼治。中共十八大以来，党中央坚持思想建党与制度治党相结合，出台《关于新形势下党内政治生活的若干准则》，对严肃党内政治生活、弘扬党内优良作风提出了许多新任务新要求，推动以制度管作风成为全党的思想共识。注重将生动实践中的好做法好经验总结提炼为务实管用制度治本，制定和修订《中国共产党巡视工作条例》，建立健全《关于完善党员干部直接联系群众制度的意见》等，对公务接待、公车改革、因公出国（境）、国有企业负责人职务消费管理等多项工作进行规范，都是有力的例证。在党中央的示范带动和强力推动下，各级党组织出台有针对性的配套制度规定，完善以转作风改作风为重点的制度体系，为作风建设标本兼治、推动全面从严治党向纵深发展提供了坚强的制度保障。

作风建设永远在路上，永远没有休止符。如果前热后冷、前紧后松，就会功亏一篑。这就要求全党必须坚持不懈推动中央八项规定精神的落实，驰而不息地纠治"四风"，切实解决党内存在的作风问题，始终保持党的先进性和纯洁性，更加密切党同群众的血肉联系。

政治建设是重中之重

近些年来，中国共产党以铁腕之手查处了一些身居高位的腐败分子，这些人不仅经济上贪得无厌，生活上腐化堕落，更主要的是政治上丧失共产党人的根本立场，结党营私、拉帮结伙，严重败坏了党的政治生态。这些反面例子深刻表明，政治问题，任何时候都是根本性的大问题，全面从严治党，首先要注重政治上的要求。

政治建设命题的提出

"求木之长者，必固其根本。"2017 年，中共十九大第一次明确提出党的政治建设这个重大命题，强调党的政治建设是党的根本性建设，把党的政治建设纳入党的建设总体布局并摆在首位。这是马克思主义党建理论的重大创新。

那么，应如何加强党的政治建设呢？新时代以来，中国共产党在这方面进行了很多具有创新性的探索，牵引着党的政治建设不断向前迈进。

坚决做到"两个维护"，是党的政治建设的首要任务。战争年代，党中央和毛主席用电台指挥全党全军，"嘀嗒、嘀嗒"就是党中央和毛主席的声音，全党全军都无条件执行。新时代，中国共产党人同样要侧耳倾听那振奋人心的"嘀嗒、嘀嗒"声，这个"嘀嗒、嘀嗒"声就是党中央和习近平总书记的声音，必须无条件执行。这就要求全体党员坚决维护习近平总书记党中央的核心、全党的核心地位，坚决维护党中央权威和集中统一领导，增强"四个意识"，坚定"四个自信"，做到党中央提倡的坚决响应、党中央决定的坚决照办、党中央禁止的坚决杜绝。随着全面从严治党的推进，党内对正风肃纪反腐重要性的认识趋于一致，人民群众对反腐斗争是高度赞同的。但是，也不乏有些"高级黑"，不断在释放杂音噪声。例如，有人说反腐败是搞权力斗争，排除异己；有的认为这导致人人自危、为官不为，影响经济发展；有的认为这是自曝家丑，有损党和政府的形象；有的认为查了这么多，影响了党内民主和谐的氛围。出现这样那样的杂音噪声，有的是政治上糊涂，头脑不清醒；更多的则是别有用心，企图浑水摸鱼。因而，必须从政治上看待这些问题，坚决防止和纠正一切偏离"两个维护"的错误言行，及时发现和纠正各种"低级红""高级黑"现象，高度警惕形形色色的"伪忠诚""两面人"。

提高政治判断力、政治领悟力、政治执行力，是党的政治建设的重要任务。应该说，在党员干部所需要的各种能力中，政治能力是第一位的。因为党员干部有了过硬的政治能力，才能做到自觉在思想上政治上行动上同以习近平同志为核心的党中央保持高度一致。当然，党员干部还要把准正确政治方向，坚持中国共产党领导和我国社会主义制度。在这个问题上，决不能有任何迷糊和动摇。党员干部必须坚守一条，凡是有利于坚持党的领导和中国特色社会主义的事就坚定不移做，凡是不利于坚持党的领导和中国特色社会主义的事就坚决不做。党员干部要不断增强政治意识，善于从政治上看问题，善于把握政治大局，不断提高政治判断力、政治领悟力、政治执行力，练就一双政治慧眼，对"国之大者"了然于胸，自觉加强政治历练，始终做政治上的"明白人""老实人"，永葆共产党人的政治本色。

多管齐下推动政治建设

政治生态和自然生态一样，稍不注意，就很容易受到污染，一旦出现问题，再想恢复就要付出很大代价。

因而，加强党的政治建设，就必须把营造风清气正的政治生态作为基础性、经常性工作，实现正气充盈、政治清明。

严肃党内政治生活。党内政治生活是否正常，直接关系到政治生态的好坏。新时代以来，针对党内存在的权欲熏心、阳奉阴违、结党营私、团团伙伙、拉帮结派等一系列问题，党中央反复强调要严肃党内政治生活。中共十八届六中全会审议通过的《关于新形势下党内政治生活的若干准则》，为严肃党内政治生活提供了根本遵循。近年来，党内政治生态明显好转，通过理想信念教育、创新理论武装、严明党的纪律、积极思想斗争，党员干部勇于拿起批评和自我批评的有力武器，不断加强党性锻炼、提升思想境界，自觉抵制腐朽思想对党内生活的侵蚀，为净化政治生态提供支撑。

严明党的政治纪律。政治纪律是党最根本、最重要的纪律，是净化政治生态的重要保证。近年来，党中央在全党持续深入开展忠诚教育，开展"守纪律、讲规矩"模范机关创建和先进个人评选活动，教育督促党员干部始终对党忠诚老实；严格执行《中国共产党纪律处分条例》，严肃查处违反政治纪律的行为，使纪律成为不可逾越的红线；教育引导党员干部坚决维护党中央权威，维护党的团结，遵循组织程序；加强对领导干部亲属和身边工作人员的管理，坚决铲除党内形成利益集团攫取政治权力、改变党的性质，确保党的团结统一。

发展健康的党内政治文化。营造良好政治生态，离不开党内政治文化的浸润滋养。近年来，全党范围开展了多次教育，弘扬忠诚老实、公道正派、实事求是、清正廉洁等价值观；利用各类爱国主义教育基地和党性教育基地对广大党员干部进行教育和熏陶，增强党员干部的政治定力、纪律定力；倡导清清爽爽的同志关系、规规矩矩的上下级关系、干干净净的政商关系，弘扬正气、树立新风；狠刹权权交易、权钱交易、权色交易等不正之风，坚决防止和反对宗派主义、圈子文化、码头文化。同时，注重弘扬中华优秀传统文化，培育党员干部政治气节、政治风骨；发扬革命文化，传承红色基因，教育党员干部正确处理公和私、是和非、苦和乐的关系；推进社会主义核心价值观教育，引导党员干部带头做社会主义核心价值观的坚定信仰者、积极传播者、模范践行者。

应该说，经过严肃的教育与引导，党的政治建设确实取得了明显成效，在党内形成了较为鲜明的政治导向。当然，也必须清醒地看到，党内存在的政治问题还没有得到根本解决，一些同志忽视政治、淡化政治的问题还比较突出。中国共产党有着9500多万名党员和480多万个基层党组织，保持和发展马克思主义政党的政治属性不是一件容易的事，不能指望泛泛抓一抓或者集中火力打几个战役就能彻底解决问题。党的政治建设是一个永恒的时代大课题，来不得半点松懈，需要常抓不懈。

解决如何选出好干部的问题

中国特色社会主义进入新时代，中国共产党一方面面临着百年未有之大变局的国际大环境及复杂的内外矛盾，另一方面担负着全面建成社会主义现代化强国的历史使命。中国的事情要办好，首先中国共产党的事情要办好。中国的事情要办好，关键又在好干部。

好干部的标准

政治路线确定之后，干部就是决定因素。习近平总书记指出：党的干部是党和国家事业的中坚力量。要坚持党管干部原则，坚持德才兼备、以德为先，坚持五湖四海、任人唯贤，坚持事业为上、公道正派，把好干部标准落到实处。各级党组织按照"信念坚定、为民服务、勤政务实、敢于担当、清正廉洁"好干部标准，坚持事业为上，突出人岗相适、人事相宜，选优配强各级领导班子，全面激发干部队伍生机活力。

中共十八大以来，中国共产党在干部选拔任用制度上进行了大刀阔斧的改革。

把政治标准放在第一位。严把政治关，注重干部一贯的政治表现，不仅看怎么说，更看怎么做，真正把理想信念坚定，自觉在思想上政治上行动上同以习近平同志为核心的党中央保持高度一致的干部选拔出来。对政治上不合格的"一票否决"，已在领导岗位的坚决调整下去。

破除干部"四唯"现象。2014年，党中央修订出台《党政领导干部选拔任用工作条例》，特别强调干部选拔中党组织的领导和把关作用，改进推荐考察方式，把民主推荐结果由原来的选拔任用"重要依据"改为"重要参考"，深入考察干部德才表现，解决"唯票"问题；完善竞争性选拔方式，解决"唯分"问题；改进政绩考核工作，不以国内生产总值增长率论英雄，解决"唯GDP"问题；注重调动各个年龄段干部的积极性，解决"唯年龄"问题。

坚决防止"带病提拔"。2016年，党中央印发《关于防止干部"带病提拔"的意见》，全面压实选拔任用工作责任，实行党委（党组）书记、纪委书记（纪检组组长）在人选廉洁自律结论性意见上"双签字"制度。同时，中组部修订印发《党委（党组）讨论决定干部任免事项守则》，严把干部选拔任用讨论决定关。

优化干部资源配置与推进能上能下。党中央提出要优化干部成长路径，注重在基层一线和艰苦地区培养和考验干部，坚持必要台阶和递进式培养锻炼，平级择优选派援藏援疆援青干部，选派挂职干部参与中央单位定点扶贫和东西部扶贫协作工作。2015 年 7 月，党中央印发《推进领导干部能上能下若干规定（试行）》，首次以中央党内法规形式就领导干部能上能下作出专门规定，初步构建起优者上、庸者下、劣者汰的选人用人机制。

好干部还需要管好

不想接受监督的人，不能自觉接受监督的人，觉得接受党和人民的监督很不舒服的人，就不具备当领导干部的起码素质。党要管党，首先是管好干部；从严治党，关键是从严治吏。如果只重视选好干部，不重视加强对干部的从严管理，那么好干部也有可能出问题，变成坏干部，这对党的形象会造成严重负面影响，对党的事业会造成很大的损失。

新时代以来，党中央在全面从严管理干部、从严治吏上，探索出了很多好的做法。

注重强化日常管理监督。2015 年 6 月，党中央印发《关于组织人事部门对领导干部进行提醒、函询和诫勉的实施细则》，提出经常性开展谈心谈话，加大对干部提醒、函询、诫勉力度，把干部置于党组织的有效管理之中。同时，完善领导干部经济责任审计制度，重点监督掌握人财物决策权、支配权的重要岗位干部尤其是党政主要负责人；开展规范领导干部亲属经商办企业行为试点，进一步强化对领导干部的监督。

完善领导干部报告个人有关事项制度。领导干部个人有关事项报告制度，是全面从严治吏的有效措施。2017年2月，党中央修订《领导干部报告个人有关事项规定》，制定查核结果处理办法，更加聚焦"关键少数"，突出与领导干部权力行为关联紧密的家事、家产情况，突出查核结果的运用和责任追究。同时，党中央要求，党员领导干部必须在民主生活会上对个人事项作出报告，接受党组织和党员的监督。

集中开展突出问题专项整治。针对超职数配备干部、"裸官"、干部档案造假、领导干部违规兼职、违规出国（境）、"吃空饷"等突出问题，党的组织人事部门按照中央要求集中开展专项整治，严肃查处相关责任人。同时，开展选人用人巡视检查，实现对省区市和中央单位的全覆盖，及时发现和整治跑官要官、拉票贿选、说情打招呼等一批突出问题。发挥组织部门"12380"举报平台作用。据统计，仅2012年至2017年这5年间，"12380"平台就

受理了选人用人举报 6.5 万余件，查实 4000 余件，处理
和纠正责任人员 11000 余人。中共十九大后，"12380"平
台在选人用人工作方面，发挥了越来越大的监督作用。

治党管党离不开严明的纪律

中国共产党这么大一个政党，靠什么来管好自己的
队伍？靠什么来战胜风险挑战？显然，管党治党光靠觉
悟不够，必须有刚性约束、强制推动，这就是纪律。

把纪律摆在突出位置

1859 年，马克思在致恩格斯的信中指出：必须绝对
保持党的纪律，否则将一事无成。中共十八大以来查处
的案例充分证明，党员干部"破法"，无不始于"破纪"。
只有把纪律挺在前面，坚持纪严于法、纪在法前，才能
克服"违纪只是小节、违法才去处理"的不正常状况，
才能使纪律管住全体党员。

中共十八大刚闭幕不久，也就是 2012 年 12 月，党
中央便从立规矩开始，颁布八项规定，向党内外"徙木
立信"。这份短短数百字的八项规定，开启了中国共产党
激浊扬清的纪律作风之变，办成了过去想办而没有办成
的大事。2014 年 10 月，中共十八届四中全会从党的性

质、宗旨出发，首次明确提出"党规党纪严于国家法律"的新论断。随着实践的发展与时间的推移，党对自身纪律的认识越来越深刻，对党员的自律要求也日趋严格。2015年10月，中共中央修订印发的《中国共产党纪律处分条例》对党的纪律的内容、违纪的相应处分都作了明确的界定，强调党员不仅要模范遵守国家法律，还必须接受更加严格的纪律约束。2016年10月，中共十八届六中全会通过的《中国共产党党内监督条例》，强调在党内监督中必须把纪律挺在前面。之后，中共十九大修改通过的党章在第七章"党的纪律"部分，明确了党的纪律主要有六大纪律，强调"执纪必严、违纪必究，抓早抓小、防微杜渐，运用监督执纪'四种形态'，让'红红脸、出出汗'成为常态，党纪处分、组织调整成为管党治党的重要手段"等内容，阐述了纪律建设的理论创新成果与实践创新成就，为加强新时代党的纪律建设提供了根本遵循。

特别值得一提的是，2018年7月，中央政治局再度对《中国共产党纪律处分条例》进行修订，把执纪和执法贯通起来，严格依照纪律和法律的尺度，坚持纪严于法、纪法协同。新修订的《中国共产党纪律处分条例》将党的纪律建设的理论、实践和制度创新成果，以党规党纪形式固定下来，并严明了党的政治纪律，强调"两个维护"，强调纪法贯通，推动着党的纪律建设不断地创新发展。这些重大修改，体现了中国共产党坚持不懈、持之以恒将全面从严治党推向纵深的坚定决心和担当精神，向外界释放全面从严治党永远在路上的强烈信号。

党内监督不留死角

加强党的纪律建设，不能忽视对权力的制约与监督，必须杜绝权力的任性，将其关进制度的笼子里。因此，强化党内监督对于党的纪律建设来说是非常必要的。

长期以来，中国共产党对监督工作是十分重视的，并且也取得了很大的进展，但是有两个方面的突出问题没有得到彻底解决，一是"牛栏关猫"，监督体系不健全；二是瞻前顾后，不敢、不愿监督。

进入新时代，监督上存在的突出问题，引起了党中央的高度重视。2015年1月及2016年1月，习近平总书记在十八届中央纪委五次全会和六次全会上，都强调要增强党内监督的问题。2016年10月，中共十八届六中全会专门审议通过《关于新形势下党内政治生活的若干准则》和《中国共产党党内监督条例》。新修订的《中国共产党党内监督条例》体现了全面监督、织密监督网的要求。一方面明确规定各类监督主体的监督责任，另一方面则强调要将党内监督和党外监督结合起来。这是新形势下中国共产党对于如何加强党内监督一次顶层设计的尝试，同时也是当前以及今后相当一段时间内进行党内监督的基本遵循。它对于完善党内监督体系是非常重要的，同时也为全面从严治党提供了制度方面的保障。2018年3月，十三届全国人大一次会议通过的《中华人民共和国监察法》，是反腐败国家立法，更是监督公权力的利器，实现了对所有行使公权力的公职人员依法实现监察全覆盖。

在党中央的高度重视和推动下，经过多年的不懈努力，中国共产党已经建立起党统一指挥、全面覆盖、权威高效的监督体系，形成了由各种监督共同组成的强大监督网络。

纪检监察体制和职能调整。新时代以来，纪检监察机关把改革的刀刃对准自己，对自身体制和职能进行全面改革，把精力聚焦到监督执纪问责主业上来。改革的第一步，就是清理和精简参与的议事协调机构，把不该干的事交出去，把该干的事担起来。第二步，坚持内涵式发展，优化整合内设机构。通过内部挖潜、盘活存量，把机构设置、人员配置向执纪审查和监督工作倾斜。第三步，推进组织和制度创新，激发动力和活力。中央纪委强化上级纪委对下级纪委的领导，推进派驻机构全覆盖，共设置47家派驻机构，将监督的"探头"架设到

139 家中央一级党和国家机关；创新组织制度和方式方法，实现对 277 个中管地方、部门和企事业单位党组织巡视全覆盖，保证党内监督"不留死角、没有空白"。

监督执纪问责实现常态化。据统计，2020 年全国查处的违反中央八项规定精神的 136203 起问题中，贯彻党中央重大决策部署有令不行、有禁不止，或者表态多调门高、行动少落实差，脱离实际、脱离群众，造成严重后果的有 3203 起；在联系服务群众中消极应付、冷硬横推、效率低下，损害群众利益，群众反映强烈的有 3369 起。在查处的享乐主义、奢靡之风问题中，违规收送名贵特产类礼品 742 起，违规收送礼金和其他礼品 15746 起；违规公款吃喝 7381 起，违规接受管理和服务对象等宴请的 3615 起；违规操办婚丧喜庆 3500 起；违规发放津补贴或福利 14351 起；公款旅游以及违规接受管理和服务对象等旅游活动安排 2886 起。事实证明，这些常态化的监督执纪问责，对于严明党的纪律、净化党的政治生态，具有十分重要的作用。

高悬巡视这把"利剑"

巡视是党章赋予的重要职责，是加强党内监督不可缺少的制度安排和制度设计。

新时代以来，党中央在总结以往巡视经验的基础上，把巡视工作摆在管党治党更加突出的位置上，纳入全面从严治党总体部署之中，深入推进巡视工作理论创新、实践创新、制度创新，探索出了一条加强党的纪律建设的管用有效的新路径。

为更好地发挥巡视的作用，党中央加强对巡视工作的领导力度。2013年4月，中央政治局常委会审议《关于中央巡视工作领导小组第一次会议研究部署巡视工作情况的报告》，赋予巡视工作更高的地位和作用，为开展十八届中央巡视工作指明方向。随后，中央政治局常委会会议审议通过《中央巡视工作规划（2013—2017年）》，并首次听取中央巡视工作领导小组关于十八届中央第一轮巡视情况汇报。此后，每轮中央巡视之后，中央政治局常委会都要听取中央巡视工作领导小组的情况汇报。习近平总书记更是以身作则、率先垂范，每次听取汇报都详细审阅巡视报告，对巡视中发现的问题有针对性地评判，对重要的整改、处置工作作出指示，明确了"发现问题、形成震慑，推动改革、促进发展"的巡视工作方针，有效解决了过去巡视"任务宽泛、职能发散"的问题；创造性提出"巡查式""点穴式""回访式""机动式"等方式方法，擦亮了巡视利剑，增强了巡视威慑力和实效性。近年来，根据党中央部署，中央巡视工作领导小组对31个省区市和新疆生产建设兵团党委巡视工作进行了全覆盖的专项检查，通过示范传导、检查传导、制度传导，不断推动省区市党委加强和改进巡视工作。在中央的部署与指导下，各省区市党委也加强对巡视工作的领导，纷纷建立党委"五人小组"和党委常委会听取巡视情况汇报制度，由巡视工作领导小组向党委"五人小组"、党委常委会汇报每轮巡视综合情况，以便于及时研究巡视发现的问题、处理意见和整改要求。需要注意的是，各省市区党委书记在"五人小组"听汇报时的讲话，必须报中央巡视工作领导小组进行备案，这一规定有利于加强中央巡视领导小组对地方巡视工作的领导。

为深化巡视工作，推动巡视全覆盖，党中央自上而下建立完善巡视工作格局。推动落实管党治党责任，是完善巡视工作极为重要的一环。中共十八大以来，党中央率先改进巡视工作，强化管党治党责任制。习近平总书记曾明确指出，加强对省区市党委巡视工作的领导，层层传导压力，层层落实责任，发挥省级巡视的基础作用。按照党中央和习近平总书记的要求，各省区市党委对巡视工作重视程度明显提高，把抓巡视作为落实主体责任的具体化，建立党委常委会会议和书记专题会议研究巡视工作制度，党委书记认真履行第一责任人责任，对巡视发现的问题，表态更加鲜明、要求更加明确、措施更加具体。省区市巡视工作领导体制和工作机制不断完善，全部建立由纪委书记任组长、党委组织部部长任副组长的巡视工作领导小组，设立了巡视工作领导小组办公室并明确为同级党委工作部门，设立了巡视工作领导小组办公室并明确为同级党委工作部门。省区市党委巡视工作不断深化发展，监督效果明显提升，有力促进了各级党委管党治党主体责任和监督责任的落实。

　　为使党内监督不留死角，中共十八大后市县巡察工作全面铺开，形成强烈的震慑效应。巡察作为巡视工作向市县延伸的有效方式，填补了县级以下巡视监督的空白，与巡视工作的方式方法、本质属性相同，把新修订颁布的《中国共产党巡视工作条例》作为基本遵循和制度保障。巡视和巡察相结合，形成全国一盘棋，市县巡察打通党内监督"最后一公里"，推动从严治党向基层延伸。与巡视工作一样，市县一级的巡察工作主体是市县一级党委。市县党委利用巡察制度利器，发挥巡察利剑作用，推动全面从严治党向基层延伸。巡察工作采取常规巡察与专项巡察相结合、以专项巡察为主的方式进行。按照巡察全覆盖的制度机制要求，派出巡察组的党组织对每届任期内所有单位至少覆盖一遍，县级还要做到对信访集中、群众反映强烈且处理问题矛盾不力、软弱涣散的行政村（社区）党组织进行"延伸式"专项巡察。巡察流程包括巡察准备、巡察了解、报告巡察情况、反馈巡察意见、组织整改督查、立卷归案等环节。巡察重点根据对象特点而定,对领导班子及其成员,侧重"四个着力""两个责任"的监督;对基层党员干部,侧重解决"处事不公平、履职不廉洁、作风不民主、行为不守纪"等损害群众利益的突出问题。巡察工作要贯彻落实侵害群众利益不正之风和腐败问题专项整治工作会议精神,聚焦扶贫领域和民生问题,注重把发生在基层群众身边败坏党的形象,执法不公、吃拿卡要、优亲厚友、以权谋私等侵害群众利益的不正之风问题,以及贪污、截留、挪用、套取惠民资金、涉农补贴等"微腐败"问题列为重中之重。

在党内巡视工作取得历史性成绩的基础上,中共十九大报告对这项工作提出了更新更高的要求,即深化政治巡视,坚持发现问题、形成震慑不动摇,建立巡视巡察上下联动的监督网。贯彻落实党中央决策部署,2018 年十九届中央纪委二次全会即明确提出"提升全覆盖质量"。此后,中央纪委历次全会均对高质量推进巡视巡察工作进行专门部署。从深化政治巡视,到狠抓整改落实,再到推进上下联动,一项项具体的工作安排,无不贯穿着提升监督质量这条主线。从另一个角度看,立足新发展阶段,完整、准确、全面贯彻新发展理念,构建新发展格局,客观上也要求巡视工作在监督保障执行、促进完善发展方面发挥更大作用，因此必须始终把高质量作为目标指向，既坚持有形覆盖，又强调有效覆盖，不断增强巡视监督实效。

巡视工作的落脚点，就是解决巡视发现问题。这也是提高巡视监督质效的关键所在。近年来，巡视工作越来越注重调动被巡视党组织发现问题和整改解决问题"两个积极性"，突出同题共答。从已经公布的十九届中央前六轮巡视整改进展情况看，整改工作越抓越紧、越抓越实，一大批巡视反馈的问题已经完成整改或取得阶段性成效。2021 年 12 月，中央办公厅印发《关于加强巡视整改和成果运用的意见》，全面总结巡视整改实践经验，对整改的责任主体、责任内容、工作机制等提出明确要求，标志着巡视整改走向制度化规范化。2022 年年初，十九届中纪委第六次全会再次强调"推动落实党委（党组）整改主体责任，强化日常监督和专项检查"，充分彰显了持之以恒压实责任、推动做深做实巡视"后半篇文章"的韧劲和决心。

巡视是治标之举，也是治本之策。在抓好整改的同时，必须更加重视成果运用，坚持以巡促改、以巡促建、以巡促治，针对巡视发现的共性、深层次问题加强分析研究，着力促进深化改革、完善体制机制、加强监督管理，一体推进不敢腐、不能腐、不想腐，实现巡视监督、整改、治理的有机贯通，为加强党的全面领导、推进全面从严治党提供新动能。

掀起反腐大风暴

进入新时代后，以习近平同志为核心的党中央以强烈的历史责任感、深沉的使命忧患意识和顽强的意志品质，推进党风廉政建设和反腐败斗争，在这场"斗争"中向党和人民交出了一份优异的答卷。

如果要问这 10 年党和国家工作中最大的亮点、最得人心的是什么？毫无疑问，最具共识的答案一定是：反腐败。

中国共产党从诞生之日起，就把实现共产主义作为最高理想和最终目标，把全心全意为人民服务作为根本宗旨，这使中国共产党与腐败水火不容。无论是革命、建设还是改革时期，反腐败一直是中国共产党始终坚持的鲜明政治立场。70 多年前的七届二中全会上，在转折关头、"赶考"路上，毛泽东及时向全党发出警示：可能有这样一些共产党人，他们是不曾被拿枪的敌人征服过的，他们在这些敌人面前不愧英雄的称号；但是经不起人们用糖衣裹着的炮弹的攻击，他们在糖弹面前要打败仗。在改革开放"航行"途中，邓小平在《第三代领导集体的当务之急》的谈话中发出这样的警示：要整好我们的党，实现我们的战略目标，不惩治腐败，特别是党内的高层的腐败现象，确实有失败的危险。2012年十八届中共中央政治局第一次集体学习时，习近平总书记再次向全党发出警示：近年来，一些国家因长期积累的矛盾导致民怨载道、社会动荡、政权垮台，其中贪污腐败就是一个很重要的原因。大量事实告诉我们，腐败问题越演越烈，最终必然会亡党亡国！我们要警醒啊！

三个不同历史时期，三次引人深思的深刻警示，贯穿其中的就是深切的历史忧患意识。腐败是党长期执政的最大威胁，反腐败是一场输不起也决不能输的重大政治斗争，不得罪成百上千的腐败分子，就要得罪14亿人民。

近十年来，党中央着眼于全面从严治党，以力挽狂澜的气魄和胆识，以猛药去疴、重典治乱的决心，以刮骨疗毒、壮士断腕的勇气，作出了坚决打赢反腐败这场硬仗的战略决断，反腐败斗争取得压倒性胜利并全面巩固。

一方面，反腐败斗争构筑起了党统一领导反腐败斗争的体制机制，形成了党中央统一领导、党委统筹协调、纪委监委组织协调、职能部门高效协同、人民群众参与支持的工作体制和格局，各级党委落实主体责任，党中央反腐败协调小组充分发挥职能作用。党中央推进深化国家监察体制改革，把纪律检查体制改革、监察体制改革融为一体，设立国家监察委员会及地方各级监察委员会，形成反腐败的专门工作力量，握指成拳、惩治腐败，这都是重大的政治体制改革，从而加强了党对反腐败工作全方位、全过程的领导。

另一方面，确立了反腐败工作的原则，即"三个坚持"：坚持无禁区、全覆盖、零容忍，坚持重遏制、强高压、长震慑，坚持受贿行贿一起查。这个反腐败工作原则的确立，产生了巨大的震慑效应。中央纪委按照党中央要求，紧盯重点人、重点领域，紧盯十八大以来不收敛、不收手，问题反映集中、群众反映强烈的问题，紧盯工程建设、土地出让、公共资源交易，金融、国企、政法司法、教育、医疗这些重点领域，紧盯群众身边的腐败，特别是敢动扶贫款、侵害群众利益的，紧盯民生领域的腐败，紧盯风险背后的腐败，如金融风险背后的腐败，进行坚决查处。开展史无前例的"打虎""拍蝇""猎狐"行动，整治群众身边腐败问题，深入开展国际追逃追赃，清除一切腐败分子。党聚焦政治问题和经济问题交织的腐败案件，防止党内形成利益集团，查处周永康、薄熙来、孙政才、令计划等严重违纪违法案件。据统计，2012 年年底至 2021 年 10 月，全国纪检监察机关共立案 407.8 万件、437.9 万人，其中立案审查调查中管干部 484 人，共给予党纪政务处分 399.8 万人。这组数字不仅反映了中国共产党的反腐成绩，而且充分体现了中国共产党反腐的强大决心与力度。

全面从严治党永远在路上，党的自我革命任重而道远。"宜将剩勇追穷寇，不可沽名学霸王。"虽然全面从严治党已经取得历史性成就，但还远未到大功告成、鸟尽弓藏的时候。党面临的风险挑战的长期性、复杂性、严峻性，决定了全面从严治党必须一以贯之、持之以恒，不能有差不多了该松口气、歇歇脚的想法，不能有打好一仗就一劳永逸的想法，不能有初见成效就见好就收的想法。相反，必须以彻底的自我革命精神，以永远在路上的执着，把全面从严治党这场伟大自我革命进行到底。

第4章
中国经济发展的重大转向

改革开放以来，中国经济经历了长达30多年的高增长，创造了足以让世界惊叹的发展奇迹。进入新时代后，中国为何主动调低经济增速预期？中国共产党提出的新发展理念是如何影响中国经济的宏观决策的？中国经济又是怎样从高速度到高质量转型的？

　　近几年来，受世纪疫情的重创，世界各国经济都不同程度地受到冲击。与其他主要经济体相比，中国经济发展展现出巨大的韧性。2021 年，中国国内生产总值达 114 多万亿元，增长速度达 8.1%，这在世界主要经济体中属于名列前茅。更难能可贵的是，中国经济不仅有速度，更有质的飞跃。环视世界，中国深圳率先迈入 5G 时代，成为全球首个实现 5G 独立组网全覆盖的城市。从无到有、从有到好，从小到大、从大到强，5G 技术的突破与发展是中国发展阶段转换的一个缩影。事实上，进入新时代后，中国经济发展已经由高速增长阶段转向高质量发展阶段。这个重大变化，是中国转变发展思路、制定经济政策、实施宏观调控的主要依据。

发展理念的历史性转变

　　理念是行动的先导，一定的发展实践总由一定的发展理念来引领，发展理念是否对头，从根本上决定着发展成效乃至成败。进入新时代后，中国共产党顺应发展环境、发展条件、发展任务的深刻变化，针对发展中存在的突出矛盾和问题，深刻总结国内外发展经验教训，及时调整发展思路、发展方式，形成了具有中国特色的新发展理念。

经济进入新常态

伴随着改革开放的深入，尤其是社会主义市场经济体制的确立，中国现代化建设驶入快轨道，经济呈现快速增长的态势。在这样一个新的历史时期，党中央根据国内外形势的深刻变化，以及经济社会发展的要求，提出"发展是党执政兴国的第一要务"，发展决定人心向背，坚持用发展的办法解决前进中的问题。

进入21世纪后，中国正式加入世贸组织，融入世界经济一体化大潮，经济发展插上了腾飞的翅膀。据统计，20世纪80年代中国经济年均增长9.7%，90年代年均增长10%，21世纪前8年（2000年至2007年）增速提高到10.5%，危机后的2008年至2011年增速为9.6%。自2012年之后，中国经济告别过去30余年的两位数高增长，增速开始放缓，但波幅收窄。

一般而言，一个国家或地区经济在经历持续高速发展的"黄金期"后，通常都会进入由高向中低增长的艰难"换挡期"。20世纪50、60年代，日本经济年均增长9%，70、80年代放缓到4%，80年代末因房地产泡沫破灭至今30多年中，年均增速跌落至不足1%；自20世纪60年代至90年代末亚洲金融危机爆发，韩国经济年均增长 8%，而后增速放缓到 4%。一个不可忽视的共同特点是，日本、韩国以及中国的台湾和香港地区均是在人均GDP 超过 1 万美元成为发达经济体之后，经济增速开始放缓。

由此可见，中国经济增速的放缓，一方面是受到2008 年西方金融危机和世界经济衰退的影响，另一方面也是中国经济发展方式转变的必然结果。

经过数十年的持续快速发展，中国社会主义现代化建设取得了长足进步，人民生活水平得到全面提升，2010 年经济总量跃居于世界第二。这样巨大的成绩是来之不易的，也是弥足珍贵的。但也应认识到，中国发展面临的形势出现了重大而深刻的变化。从国际发展大势看，世界经济在大调整大变革之中出现了一些新的变化趋势，国际金融危机深层次影响持续蔓延，西方国家结束黄金增长期，世界经济进入深度调整期，国际竞争更趋激烈，保护主义、单边主义、逆全球化初见端倪。从中国内部问题看，改革开放以来长期快速发展过程中，中国积累的矛盾、问题也不少。比如，发展不平衡不充分，发展质量和效益不高，经济大而不强，城乡、区域发展不协调，资源环境约束日益趋紧等。

中国经济在变，对于这个深刻变化，习近平总书记早有洞察。2014 年 11 月，他在亚太经合组织工商领导人峰会开幕式上发表演讲时指出，中国经济呈现出新常态，有几个主要特点：一是从高速增长转为中高速增长；二是经济结构不断优化升级，第三产业、消费需求逐步成为主体，城乡区域差距逐步缩小，居民收入占比上升，发展成果惠及更广大民众；三是从要素驱动、投资驱动转向创新驱动。2017 年中共十九大报告给出了一个更明确的判断：中国经济已由高速增长阶段转向高质量发展阶段。

新发展理念的出笼

随着经济进入新常态，如果还简单地沿袭过去的发展路子，一成不变地秉持过往的发展观念，把发展片面理解为增加生产总值，一味以 GDP 排名比高低、论英雄，显然已经行不通，也不合时宜。用新发展理念引领未来的发展，是新时代必须予以解答的时代课题。

问题是时代的声音。面对出现的新情况与新问题，2015 年 10 月中共十八届五中全会提出了五大新发展理念，即"创新、协调、绿色、开放、共享"。更值得一提的是，这次全会主要是审议通过"十三五"规划建议稿，这是习近平就任总书记之后首次主持制定国家的五年发展大计。规划对国家来说是发展蓝图，对政治领袖来说是治理理念。因而，五大新发展理念是"十三五"规划建议稿的灵魂，也是习近平总书记治国理政的核心理念之一。新发展理念一经出炉，就引起了外界广泛关注和讨论。

怎么理解这五大新发展理念？什么是创新发展？什么是协调发展？什么是绿色发展？什么是开放发展？什么是共享发展？为什么把"创新"放在首位？对这一系列问题的回答，有助于人们加深对新发展理念的理解和认识。

创新发展，处于核心的位置。

回望人类历史，创新一直是引领社会发展的第一动力。18世纪以来，世界科技创新潮流涌动，并带动了相应的产业革命——机械化、电力化、自动化、信息化。可以说，每一次科技创新和产业革命，都深刻改变着世界。当今世界，经济社会发展越来越依赖于理论、制度、科技、文化等领域的创新；国际竞争也越来越体现在创新能力上，谁在创新上先行一步，谁就能拥有引领发展的主动权。实践证明，创新决定着一个国家和民族的前途命运。创新之所以摆在五大新发展理念之首，原因就在于此。

俄储蓄银行驻华代表谢尔盖·齐普拉科夫在俄罗斯《独立报》撰文指出，中国领导层已意识到，自主创新能力不足是中国落后于其他发达国家的主要体现，中国在国际上所处的地位、当前制度的未来都取决于如何克服这一差距。这一切都取决于中国的创新能力。

抓创新就是抓发展，谋创新就是谋未来。正如习近平总书记所指出，必须把发展基点放在创新上，通过创新培育发展新动力、塑造更多发挥先发优势的引领型发展，做到人有我有、人有我强、人强我优。近年来，中国把创新摆在国家发展全局的核心位置，不断推进理论创新、制度创新、科技创新、文化创新，使创新贯穿党和国家一切工作之中，创新在推动发展中发挥着越来越重要的作用。

协调发展，是制胜的要诀。

中国共产党带领人民进行社会主义建设的长期实践，实际上就是一个不断深化对经济社会协调发展规律认识和探索的过程。从新中国成立之初的"统筹兼顾""弹钢琴"的工作方法，到改革开放后提出的"两手抓"战略，再到"处理好十二个重大问题、重大关系"，以及"实现全面协调可持续发展"、"五位一体"总体布局、"四个全面"战略布局等。这不仅彰显了党的发展理念的逐步升华，而且昭示了马克思主义唯物辩证法在解决发展问题上的方法论意义。

那么，如何才能推动协调发展？这就需要把握中国特色社会主义事业总体布局，正确处理发展中的重大关系。近几年来，中国高度重视增强发展的协调性，注重在协调发展中拓宽发展空间，在加强薄弱领域中增强发展后劲；注重推动区域协调发展，塑造要素有序自由流动、主体功能约束有效、基本公共服务均等、资源环境可承载的区域协调发展新格局；注重推动经济建设和国防建设融合发展，坚持发展和安全兼顾、富国和强军统一，实施军民融合发展战略，逐步形成全要素、多领域、高效益的军民深度融合发展格局。

绿色发展，关系人与自然的和谐。

无论是百年来西方国家工业化进程走过的"先污染、后治理"弯路，还是近些年来中国持续快速发展所付出的资源环境代价，无不告诉人们：人类对于自然资源必须取之有度，人类发展活动必须尊重自然、顺应自然、保护自然。可以说，多年积累的大量生态环境问题，不仅成为中国社会民生之痛，也成为制约未来中国经济社会发展的一大"短板"。

以史为鉴，可以知兴替。2012年中共十八大把生态文明纳入"五位一体"总体布局，2015年中共十八届五中全会又把绿色发展列入新发展理念之中。这既顺应了经济社会发展转型的要求，也关切到人民群众对于美好生态的渴望。绿色发展之要义，是解决好人与自然和谐共生问题，关键在于树立大局观、长远观、整体观，坚持节约资源和保护环境的基本国策。

生态环境没有替代品，用之不觉，失之难存。近年来，中国一方面坚持推进美丽中国建设，构建科学合理的城市化格局、农业发展格局、生态安全格局、自然岸线格局，推动建立绿色低碳循环发展产业体系；推动低碳循环发展，建设清洁低碳、安全高效的现代能源体系。另一方面，不断加码环境治理力度，深入实施大气、水、土壤污染防治行动计划，实行省以下环保机构监测监察执法垂直管理制度；坚持系统观念，统筹推进山水林田湖草沙一体化保护和系统治理。

开放发展，是经济全球化的潮流。

数百年来，经济全球化不断加速发展演化，已成为各国发展必须面对的时代潮流。40多年前，中国主动打开国门，积极参与到这一潮流中，开始融入世界经济一体化进程。现如今，中国同世界的关系从闭关锁国、"一边倒"封闭半封闭，逐步走向全方位对外开放，直至今日成为捍卫、推动经济全球化的重要力量。实践充分证明，要发展壮大，必须主动顺应经济全球化潮流，坚持对外开放，充分运用人类社会创造的先进科学技术成果和有益管理经验。

随着经济全球化的加深以及新经济体的崛起，国际力量对比正在发生前所未有的变化，世界经济正努力摆脱国际金融危机阴影，中国在世界经济和全球治理中的分量迅速上升。总体上来看，中国开放发展的大环境比以往任何时候都更为有利，但面临的矛盾、风险和挑战也前所未有。

面对这些新形势新情况，中国共产党和中国政府始终坚持扩大对外开放，顺应中国经济深度融入世界经济的趋势，奉行互利共赢的开放战略，发展更高层次的开放型经济，积极参与全球经济治理和公共产品供给，提高中国在全球经济治理中的制度性话语权，构建广泛的利益共同体。

共享发展，就是以人民为中心。

治国有常，利民为本。中国儒家经典著作对小康社会、大同社会美好愿景的描绘，代表了千百年来中国人对共同富裕理想的孜孜以求。新中国成立以来，特别是改革开放以来，中国共产党把实现"共同富裕"作为自己的奋斗目标，书写在中国社会主义高高飘扬的旗帜上。经过几十年的艰难探索和不懈奋斗，中国共产党带领中国人民走上了中国特色社会主义康庄大道，人民的生活质量有了显著提升，人民的获得感有了很大的提高。

为进一步提升人民群众的获得感、共享感，实现最大程度的公平正义，中共十八届五中全会首次提出"共享发展"的理念。习近平总书记把这一理念定义为"以人民为中心的发展思想"，这也充分体现了中国共产党全心全意为人民服务的根本宗旨，体现了人民是推动历史发展根本动力的唯物史观。

　　当然，共享发展是一个从低级到高级、从不均衡到均衡的渐进过程，既不能重蹈超越阶段、欲速不达的覆辙，也不能只停留在口头上、想法上，必须拿出积极的行动。比如，做大蛋糕，把蛋糕分好，让人民群众有更多的获得感；缩小收入差距，坚持居民收入增长和经济增长同步、劳动报酬提高和劳动生产率提高同步；实施全民参保计划，全面实施城乡居民大病保险制度；等等。只有这样积跬步为千里，才能最终实现共同富裕这一社会主义核心价值。

　　一场关系社会主义中国发展全局的深刻变革已经到来。中国上下需要同心协力，始终秉承"创新、协调、绿色、开放、共享"的新发展理念，推动实现全面建成社会主义现代化强国梦，实现中华民族伟大复兴中国梦。

供给侧结构性改革

　　前几年，一种现象引发社会广泛关注，中国一些领域的消费需求在国内得不到有效供给，消费者将大把钞票花费在出境购物、"海淘"购物上，致使大量"需求外溢"。据有关数据统计，中国居民每年境外旅行、留学或就医期间购买的非居民货物和服务高达上万亿元人民币。

面对中国经济发展中供给与需求的深层次结构性矛盾和问题，党中央作出推进供给侧结构性改革重大战略决策。

供给侧结构性改革势在必行

供给与需求，是市场经济的一对矛盾统一体，二者你离不开我、我离不开你，相互依存、互为条件。没有需求，供给就无从实现，新的需求可以催生新的供给；没有供给，需求就无法满足，新的供给可以创造新的需求。

事实上，供给侧管理和需求侧管理是调控宏观经济的两个基本手段。需求侧管理，重在解决总量性问题，注重短期调控，主要是通过调节税收、财政支出、货币信贷等来刺激或抑制需求，进而推动经济增长。供给侧管理，重在解决结构性问题，注重激发经济增长动力，通过优化要素配置和调整生产结构来提高供给质量和效率，进而推动经济高质量增长。

显然，发展经济既要重视需求侧，也要重视供给侧。但就某一个特定的阶段而言，各项条件不一，宏观经济管理上往往需要选择着重在供给侧发力还是在需求侧发力。1998年亚洲金融危机之后，中国的宏观调控总体而言是以需求侧管理为主的。人们熟知的拉动经济增长的"三驾马车"（投资、消费、出口），从经济学角度看属于"需求侧"的三大需求，与之对应的是"供给侧"，也就是生产要素的供给和有效利用。

应该说，需求侧管理曾对推动中国经济增长发挥了重大作用，但随着时间的推移，其产生的副作用正日渐显现。2008 年全球金融危机之后，美国、欧洲经济一蹶不振，外需一路下滑，已不能对中国经济形成重要支撑；加之存在诸多结构性问题，中国经济也进入了下行的通道，增长速度从此前的两位数下降到一位数。进入 2015 年以来，中国经济下行的基本态势不变，经济发展进入"新常态"。面对这种情况，党中央审时度势地提出了"供给侧结构性改革"的重大对策。

供给侧结构性改革有多重要？现如今，中国经济发展面临的问题，既有供给问题又有需求问题，但矛盾的主要方面在供给侧。比如，一些行业和产业产能严重过剩，同时大量关键装备、核心技术、高端产品还依赖进口；农业发展形势很好，但一些供给没有很好适应需求变化，同样需要大量进口等。事实证明，中国不是需求不足，或没有需求，而是需求变了，供给的产品却没有变，质量、服务跟不上。有效供给能力不足，导致消费能力严重外流。解决这些结构性问题，必须把推进供给侧结构性改革作为经济发展的主线，这是新时代稳定经济增长、推动高质量发展的治本良方。

供给侧结构性改革要改什么

供给学派最早产生于 20 世纪七八十年代突发的"滞胀"的美国。当时,美联储主席保罗利用需求管理手段来刺激宏观经济,甚至通过把名义利率提高到 20% 以上来试图压制通胀,但政策结果却是仅对于滞胀中的"胀"发挥了一些作用,而对"滞"的解决却毫无贡献。1981年,里根提出"经济复兴计划",声明与过去美国政府以需求学派为指导思想的政策相决裂,转向以供给学派理论为依据,采取大幅减税和削减社会福利等措施,刺激经济增长和减少政府干预及赤字压力。在美国处于高通胀、高利率的形势下,里根的经济政策有效平抑了通胀,并保持赤字大体处于可控水平,实现了经济基本平稳发展。

这里讲的供给侧结构性改革,同西方经济学的供给学派不是一回事,不能把供给侧结构性改革看成是西方供给学派的翻版。中国所进行的供给侧结构性改革重在改结构,"结构性"三个字十分重要。用一个公式来描述"供给侧改革",就是"供给侧 + 结构性 + 改革",也就是用改革的办法推进结构调整,减少无效和低端供给,扩大有效和中高端供给,增强供给结构对需求变化的适应性和灵活性,提高全要素生产率,使供给体系更好适应需求结构变化。

中国经济运行面临的突出矛盾和问题，虽然有周期性、总量性因素，但根源是重大结构性失衡。概括起来，主要表现为"三大失衡"，即实体经济结构性供需失衡、金融和实体经济失衡、房地产和实体经济失衡。因而，必须把改善供给结构作为主攻方向，推动低水平供需平衡转向高水平供需平衡。同时，世界经济结构正在发生深刻调整，中国也需要从供给侧发力，找准在世界供给市场上的定位，以适应日益严峻的外部经济环境。

进入新时代后，在深化供给侧结构性改革过程中，党中央制定了"巩固、增强、提升、畅通"的八字方针。其中，巩固，即巩固"三去一降一补"成果，推动更多产能过剩行业加快出清，降低全社会各类营商成本，加大基础设施等领域补短板力度。增强，即增强各类市场主体活力，建立公平开放透明的市场规则和法治化营商环境，促进正向激励和优胜劣汰，发展更多优质企业。提升，即提升产业链供应链现代化水平，注重利用技术创新和规模效应形成新的竞争优势，培育和发展新的产业集群。畅通，即畅通国民经济循环，加快建设统一开放、竞争有序的现代市场体系，提高金融体系服务实体经济能力，形成国内市场和生产主体、经济增长和就业扩大、金融和实体经济良性循环。

2020 年以来，由于新冠肺炎疫情的影响，中国的供给和需求受到一定的冲击，经济增长下行压力持续加大，但这种冲击和影响是外生性的，没有改变中国经济运行内在机理和长期向好的发展趋势，也没有改变中国经济结构中存在的供需不匹配问题。深化供给侧结构性改革与积极扩大国内需求的宏观经济政策是一致的，不是简单的替代关系。事实上，供给侧和需求侧二者不是非此即彼、一去一存，而是相互配合、协调推进。近年来，中国始终坚持供给侧结构性改革的战略方向，不断提升供给体系对国内需求的适配性，努力打通经济循环堵点，构建日益完整的产业链供应链，使国内市场成为最终需求的主要来源，形成需求牵引供给、供给创造需求的更高水平的动态平衡。

通过这些年的供给侧结构性改革，中国的供给能力有了很大提升，经济高质量发展有了很足的动能，社会生产力水平实现了整体跃升，更好地满足了广大人民日益增长、不断升级和个性化的需求。

基本经济制度趋向成熟

过去的 40 多年，中国经济高速增长，吸引了很多国外学者的关注，他们从不同的角度寻找答案。美国斯坦福大学教授魏昂德认为，中国的发展具有高度的道路依赖性，主张扎根中国实际对制度设计采取更灵活和渐进的方法。实际上，他说的道路依赖性，指的就是制度依赖。这个制度显然包含了中国特色社会主义基本经济制度。

基本经济制度是什么

改革开放以来，中国共产党总结正反两方面的经验，吸收其他国家的一些好的做法，根据实践的发展创造性地完善和丰富社会主义基本经济制度。2019 年中共十九届四中全会确立了公有制为主体、多种所有制经济共同发展，按劳分配为主体、多种分配方式并存，社会主义市场经济体制等社会主义基本经济制度。这是对社会主义基本经济制度作出的新概括，是对社会主义基本经济制度内涵的重要发展和深化，标志着我国社会主义基本经济制度更加成熟更加定型。

公有制为主体、多种所有制经济共同发展，决定着中国基本经济制度根本性质和发展方向。中国是中国共产党领导的社会主义国家，公有制经济是长期以来在国家发展历程中形成的，为国家建设、国防安全、人民生活改善作出了突出贡献。公有制主体地位、国有经济主导作用是中国人民共享发展成果的制度性保证，也是巩固党的执政地位、坚持中国社会主义制度的重要保证。在中国，坚持公有制主体地位，并不否定非公有制经济所扮演的不可或缺的角色。长期以来，中国非公有制经济在中国共产党的方针政策指引下快速发展，在稳定增长、促进创新、增加就业、改善民生等方面发挥了重要作用。非公有制经济是稳定经济的重要基础，是国家税收的重要来源，是技术创新的重要主体，是金融发展的重要依托，是经济持续健康发展的重要力量。公有制经济和非公有制经济，二者相辅相成、相得益彰，共同推动中国经济社会的发展进步。

按劳分配为主体、多种分配方式并存，是有利于充分调动各方面积极性，有利于实现效率和公平有机统一的分配制度。这一制度安排从中国社会主义初级阶段的实际情况出发，坚持多劳多得，着重保护劳动所得，提高劳动报酬在初次分配中的比重，完善工资制度，健全工资合理增长机制，完善按要素分配政策制度，健全再分配调节机制，重视发挥第三次分配作用。坚持好这一分配制度，能够有效实现各种分配方式各扬其长，各种市场主体各得其所，规范收入分配秩序，不断推动居民收入增长和经济增长同步、劳动报酬提高和劳动生产率提高同步，让广大人民群众共享改革发展成果，朝着共同富裕目标迈进。

社会主义市场经济体制是社会主义基本经济制度的重要组成部分，它既能发挥市场经济的长处，又能发挥社会主义制度的优越性。在社会主义条件下发展市场经济，是中国共产党的一个伟大创举。习近平总书记指出：我们是在中国共产党领导和社会主义制度的大前提下发展市场经济，什么时候都不能忘了"社会主义"这个定语。建立和完善社会主义市场经济体制，需要充分发挥市场在资源配置中的决定性作用，更好发挥政府作用，推动有效市场和有为政府更好结合，把完善产权制度和要素市场化配置作为重点，建设统一开放、竞争有序的市场体系，进一步激发全社会创造力和市场活力。事实证明，社会主义市场经济体制能够有效防范资本主义市场经济的弊端，在中国改革开放和社会主义现代化建设中发挥了无可替代的作用。

基本经济制度的这三个主要组成部分，是相互联系、相互支持、相互促进的内在统一整体。所有制结构是基本经济制度的基础，决定分配方式和资源配置方式。同时，合理有效的分配方式和资源配置方式有利于进一步完善所有制结构，更好地坚持"两个毫不动摇"，促进经济社会持续健康发展。将这三项经济制度共同作为基本经济制度，是中国特色社会主义政治经济学的重大理论创新，是新时代中国构建更加有效管用、逻辑贯通、衔接匹配的经济制度体系的根本遵循。

"两个毫不动摇"

如何将社会主义基本经济制度坚持好、巩固好、完善好、发展好，使其更加成熟更加定型，是一项长期的系统工程。近年来，党中央从顶层设计、具体政策等多方面下功夫，推动基本经济制度不断走向完善和成熟。

进入新时代后，中国的所有制变革的主要特点是遵循"两个毫不动摇"的基本原则，即毫不动摇巩固和发展公有制经济，毫不动摇鼓励、支持、引导非公有制经济发展，推动各种所有制取长补短、相互促进、共同发展。中共十八届三中全会提出，公有制经济和非公有制经济都是社会主义市场经济的重要组成部分；公有制经济财产权不可侵犯，非公有制经济财产权同样不可侵犯；国家保护各种所有制经济产权和合法利益，坚持权利平等、机会平等、规则平等，废除对非公有制经济的不合理规定，消除各种隐性壁垒，激发非公有制经济活力和创造力。随后，中共十八届四中全会提出，要健全以公平为核心原则的产权保护制度，加强对各种所有制经济组织和自然人财产权的保护，清理有违公平的法律法规条款。中共十八届五中全会通过的"十三五"规划建议，再次重申坚持公有制为主体、多种所有制经济共同发展；

毫不动摇巩固和发展公有制经济，毫不动摇鼓励、支持、引导非公有制经济发展；引入非国有资本参与国有企业改革，更好激发非公有制经济活力和创造力。在前期探索的基础上，2017 年中共十九大把"两个毫不动摇"写入新时代坚持和发展中国特色社会主义的基本方略，作为党和国家一项大政方针确定下来。

随着认识的深化，中国的所有制改革也进入新的历史阶段，创造了一批可复制、可推广的典型经验，取得了积极的进展和显著的成效。2016 年以来，中国在电力、石油、天然气、铁路、民航、电信、军工等重要行业领域，先后选择三批 50 家国有企业开展混改试点，其中包括 28 家央企。这个时期，混合所有制企业员工持股试点也正式启动，数百家企业参与了试点。总体看，改革试点进展良好，积累了很多可复制的经验，达到了预期效果。

一段时期以来，社会上有些人发表了一些否定、怀疑民营经济的言论。比如，有的人提出所谓"民营经济离场论"，说民营经济已经完成使命，要退出历史舞台；有的人提出所谓"新公私合营论"，把现在的混合所有制改革曲解为新一轮"公私合营"；有的人说加强企业党建和工会工作是要对民营企业进行控制；等等。这些说法是完全错误的，不符合党的大政方针政策。

事实上，在做大做强公有制经济的同时，中国共产党和中国政府始终积极鼓励、支持、引导非公有制经济的发展，不断改善支持民营经济、外商投资企业发展的法治环境，完善构建亲清政商关系的政策体系，健全支持中小企业发展制度，促进非公有制经济健康发展和非公有制经济人士健康成长，营造各种所有制主体依法平等使用资源要素、公开公平公正参与竞争、同等受到法律保护的市场环境。

市场经济体制日趋成熟

进入新时代，社会主义市场经济已经不再停留于市场经济抽象地姓"社"还是姓"资"的争论上，这在理论上已经有明确的结论。重要的问题是遵循市场经济的一般规律，处理好政府和市场的关系，发挥好市场经济和社会主义基本制度两方面的优势，提高经济运行质量和效率。

之所以说是社会主义市场经济，就是要发挥社会主义制度优越性，有效防范资本主义市场经济的弊端，在社会主义基本制度与市场经济的结合上下功夫，把两方面优势都发挥好，既要"有效的市场"，也要"有为的政府"，在实践中破解这道经济学上的世界性难题。

近年来，中国共产党和中国政府从中国实际出发，总结社会主义市场经济运行的实践经验，加快完善社会主义市场经济体制的步伐。

一是提高市场机制有效性。加快要素价格市场化改革，打破行政性垄断，防止市场垄断；全面实施全国统一的市场准入负面清单制度，实施公平竞争审查制度，清理废除妨碍统一市场和公平竞争的各种规定和做法；加快社会信用体系建设，完善市场监管体制。

二是提高微观主体的活力。建立健全现代产权制度，加强产权保护；完善各类国有资产管理体制，改革国有资本授权经营体制，加快国有经济布局优化、结构调整、战略性重组；深化国有企业改革，发展混合所有制经济；完善支持民营企业发展的政策举措，为民营经济营造更好发展环境，让民营经济活力充分迸发。

三是提高宏观调控效率。发挥五年规划的战略导向作用，健全财政、货币、产业、区域等经济政策协调机制；完善促进消费的体制机制，深化投融资体制改革；加快建立现代财政制度，健全货币政策和宏观审慎政策双支柱调控框架，健全金融监管体系。

改革开放 40 多年来，中国经济体制改革从理论到实践不断创新突破，由计划经济为主、市场调节为辅，到有计划的商品经济，到建立社会主义市场经济体制，再到充满活力的社会主义市场经济体制的转变，为国家的长期稳定发展提供了强大动力和体制保障。

构建合理的分配制度

注重在提高居民收入的同时，把重视公平放在更加突出的位置，让人民共享发展成果，是新时代以来分配制度改革的重要话题。

实现发展成果由人民共享，必须深化收入分配制度改革。中共十八届三中全会提出健全资本、知识、技术、管理等由要素市场决定的报酬机制，要求"保护合法收入，调节过高收入，清理规范隐性收入，取缔非法收入，增加低收入者收入，扩大中等收入者比重，努力缩小城乡、区域、行业收入分配差距，逐步形成橄榄型分配格局"。2017 年中共十九大再次重申坚持按劳分配原则，完善按要素分配的体制机制，促进收入分配更合理、更有序，并要求履行好政府再分配调节职能，加快推进基本公共服务均等化，缩小收入分配差距。这些战略性安排，为改革完善收入分配制度指明了方向。

在中央决策部署指导下，实行增加收入以及缩小收入差距的系列政策举措纷纷出台。2013 年 2 月，国务院批转了国家发展改革委、财政部、人力资源和社会保障部制定的《关于深化收入分配制度改革的若干意见》，对收入分配改革的总体目标、路径和政策举措等作出了要求与部署。同时，为促进居民收入的增加，国务院制定的《关于激发重点群体活力带动城乡居民增收的实施意见》指出，要坚持就业优先战略，强化劳动者权益保护，保障劳有所得；完善生产要素按贡献分配机制，加强市场秩序规范，促进公平竞争；不断改革完善税收、社会保障等再分配调节机制建设；动员全党全国全社会力量，全力推进扶贫攻坚；加大对非法收入打击力度，强化对居民收入和财产的监管。随着这些政策措施的落地，近年来中国城乡居民收入持续较快增长，收入差距不断缩小。

完善税收制度，是推动收入分配制度改革的重中之重。长期以来，个人所得税制度一方面在客观上造成了收入来源单一的工薪阶层缴税较多，而收入来源多元化的高收入阶层缴税较少的问题；另一方面对个税的所有纳税人实行"一刀切"，而不考虑纳税人家庭负担的轻重、家庭支出的多少。同时，对个税扣除标准缺乏动态管理，没有与物价指数、平均工资水平的上升实行挂钩。为此，2018 年 8 月，十三届全国人大常委会第五次会议表决通过关于修改个人所得税法的决定，决定自 2019 年 1 月 1 日起施行。这次个人所得税改革的主要内容有四个方面：一是将个人经常发生的主要所得项目纳入综合征税范围。二是完善个人所得税费用扣除模式。合理提高基本减除费用标准，将基本减除费用标准提高到每人每月 5000 元，同时又设立子女教育、继续教育、大病医疗、住房贷款利息或者住房租金、赡养老人等 6 项专项附加扣除。三是优化调整个人所得税税率结构。以现行工薪所得 3% 至 45% 七级超额累进税率为基础，扩大 3%、10%、20% 三档较低税率的级距，25% 税率级距相应缩小，30%、35%、45% 三档较高税率级距保持不变。四是推进个人所得税配套改革。这是 1994 年个人所得税法修改以来的第一次重大突破，标志着中国个人所得税向综合税制迈出了关键性的一步，是个人所得税制度历史性的转变。

历经数十年分配制度改革，中国实现了从计划分配体制全面转向初次分配以市场为基础，按劳分配为主体、多种分配方式并存的分配制度；基本形成了以税收、社会保障、转移支付等为主要手段的再分配调节机制。分配制度的改革和完善，让全体人民享受更多更公平的改革发展成果，为保持经济持续稳定提供了动能。

可以说，社会主义基本经济制度是创造中国发展奇迹的重要制度基础。面向未来，唯有不断坚持改革完善，才能充分发挥社会主义基本经济制度的巨大优越性，赋予中国经济持续的强劲的发展动能。

经济迈向高质量发展

经济发展是一个螺旋式上升的过程，上升不是线性的，量积累到一定阶段，必须转向质的提升。20 世纪 60 年代以来，全球 100 多个中等收入经济体中只有十几个成为高收入经济体。那些取得成功的国家和地区，就是在经历高速增长阶段后实现了经济发展从量的扩张转向质的提高。

进入新时代，随着中国社会主要矛盾的重大变化，发展不平衡不充分的问题更加突出，发展中的矛盾和问题集中体现在发展质量上。同时，世界新一轮科技革命和产业变革正在重构全球创新版图、重塑全球经济结构，这是中国推动高质量发展千载难逢的历史机遇。

调整区域经济布局

统筹区域发展从来都是治理中国这样的大国必须解决的一个重大问题。中国幅员辽阔、人口众多，各地区自然资源禀赋差别之大，世界少有。因而，加强区域经济整体协调发展，对于中国而言显得尤为重要。

新中国成立后，中国生产力布局经历过几次重大调整。"一五"时期，苏联援建的 156 项重点工程，有 70%

以上布局在北方，其中东北占了 54 项。1956 年，毛泽东在《论十大关系》中提出正确处理沿海工业与内地工业的关系，20 世纪 60 年代中期开展"三线"建设。改革开放后，中国实施了设立经济特区、开放沿海城市等重大战略。20 世纪 90 年代中后期之后，中国共产党和中国政府在继续鼓励东部地区率先发展的同时，作出实施西部大开发、振兴东北地区等老工业基地、促进中部地区崛起等重大战略决策，为区域经济协调发展打下了较好的基础。

进入新时代后，区域协同发展上升为中国的国家区域发展重大战略。习近平总书记指出，培育和发挥区域比较优势，加强区域优势互补，塑造区域协调发展新格局。这为推动构建新时代区域经济布局提供了根本遵循。

中共十八大以来，以习近平同志为核心的党中央高瞻远瞩、审时度势，提出了京津冀协同发展、长江经济带发展、粤港澳大湾区建设、长三角一体化发展、黄河流域生态保护和高质量发展、成渝地区双城经济圈建设等新的区域发展战略。

在诸多战略中，设立雄安新区是党中央深入推进京津冀协同发展作出的重大抉择，在推动区域协同发展中最具代表性意义。"襟带崇墉分淀泊，阑干依斗望京华。"2017 年春，党中央、国务院决定设立河北雄安新区，这是继深圳经济特区和上海浦东新区之后又一具有全国意义的新区。其终极目标在于，以规划建设河北雄安新区为重要突破口，探索人口经济密集地区优化开发的新模式，谋求区域发展的新路子，打造经济社会发展新的增长极。

随着这些区域发展战略的实施，中国各个区域经济总量不断攀升，经济结构持续优化，区域协调发展成效显著。但是，也应清醒地看到，当前中国经济发展面临着国内外环境的深刻而复杂的变化，区域经济发展出现了一些值得关注的新问题。一是区域经济发展分化态势依然明显。长三角、珠三角等地区已初步走上高质量发展轨道，一些北方省份增长放缓，全国经济重心进一步南移。从占比全国经济比重来看，经济最为发达的东部10省区占比全国经济总量依旧超过一半，2020年具体数值为51.75%；中部地区紧随其后，8省区占比全国经济总量超过四分之一；西部10省区和东北3省区则分别占比同期全国17.1%和5.03%。各板块内部也出现明显分化，有的省份内部也有分化现象。二是发展动力极化现象日益突出。经济和人口向大城市及城市群集聚的趋势比较明显。北京、上海、广州、深圳等特大城市发展优势不断增强，杭州、南京、武汉、郑州、成都、西安等大城市发展势头较好，形成推动高质量发展的区域增长极。三是部分区域发展面临较大困难。东北地区、西北地区发展相对滞后。2012 年至 2018 年，东北地区经济总量占全国的比重从 8.7% 下降到 6.2%，常住人口减少 137 万，多数是年轻人和科技人才。一些城市特别是资源枯竭型城市、传统工矿区城市发展活力不足。

解决这些新情况新问题，不能简单要求各区域在经济发展上达到同一水平，而是必须根据各区域条件，走合理分工、优化发展的路子。近年来，党中央按照各区域优势与特点，对区域经济协同发展进行顶层设计，推动形成优势互补、高质量发展的区域经济整体布局。

尊重客观规律，推动产业和人口向优势区域集中，形成以城市群为主要形态的增长动力源，进而带动经济总体效率提升，这是经济规律。为此，需要破除资源流动障碍，使市场在资源配置中起决定性作用，促进各类生产要素自由流动并向优势地区集中，提高资源配置效率。当然，像北京、上海等特大城市，必须根据资源承载条件和功能定位，对人口规模实行合理管控。

发挥比较优势，尤其是那些经济发展条件好的地区必须承载更多产业和人口，凸显价值创造的作用。其他如生态功能强的地区，必须进行有效保护，创造更多生态产品。同时，需要考虑国家安全因素，不断增强边疆地区发展能力，使之有一定的人口和经济支撑，以促进民族团结和边疆稳定。

完善空间治理，尤其是完善和落实主体功能区战略，细化主体功能区划分，按照主体功能定位划分政策单元，对重点开发地区、生态脆弱地区、能源资源地区等制定差异化政策，分类精准施策，推动形成主体功能约束有效、国土开发有序的空间发展格局。

经过多年的布局调整，如今中国经济发展的空间结构正在发生深刻变化，中心城市和城市群正在成为承载发展要素的主要空间形式。长城内外，大江南北，一幅幅崭新的区域经济布局画卷正在华夏大地徐徐铺展。这是建设现代化经济体系、实现区域协调发展的现实答卷，是推动高质量发展、向世界展现"中国之治"优势的真实写照。

健全新型举国体制

发挥举国体制优势，攻克、突破科技难题，是中国科技创新的重要历史经验。新中国成立后，面对美国和苏联的核威胁、核讹诈，新中国发挥科技攻关的举国体制优势，在党中央的统一领导下，调动全国资源，依靠各部门、各地方"大协作"，独立自主成功研制出"两弹一星"，极大地增强了国家实力，维护了国家安全，提升了中国的国际地位。

改革开放以来，特别是中共十八大以来，中国共产党和中国政府继续发挥举国体制的优势，一大批重大创新工程取得突破性进展，中国高铁、"神舟"飞天、"蛟龙"入海、"嫦娥"奔月、"墨子"传信、"北斗"组网、"天眼"巡空、"天问"探火等，令世人为之惊叹。

总体来看，当前中国在发展核心技术方面同发达国家总体差距在缩小，重大创新成果竞相涌现，科技实力正在从量的积累迈向质的飞跃，从点的突破迈向系统能力提升。

不可否认的是，中国基础科学研究短板依然突出，同国际先进水平的差距还很明显，科技创新链条上还存在诸多体制机制关卡，创新和转化各个环节衔接不够紧密。同时，新一轮科技革命方兴未艾，科技竞争更加激烈，如果科技创新搞不上去，发展动力就不可能实现转换，中国在全球经济竞争中就会处于下风。

特别值得警惕的是，在中国，一些科技创新领域，关键核心技术受制于人的局面没有得到根本性改变，如芯片等关键元器件、光刻机等核心装备还依赖进口。据国家统计局公布数据显示，2021 年，中国进口集成电路（芯片）6354.8 亿个，同比增长 16.92%，金额达到 2.79 万亿元，同比增长 15.4%。相比之下，2021 年石油原油进口总额约为 1.66 万亿元，这意味着国内芯片进口规模远远超过石油，依然是国内进口规模最大的行业之一。关键核心技术是要不来、买不来、讨不来的。在引进高新技术上不能抱任何幻想，核心技术尤其是国防科技技术是花钱买不来的。西方一些国家把核心技术当"定海神针""不二法器"，怎么可能随手恭送呢？！

解决关键核心技术"卡脖子"的问题，就必须建立完善关键核心技术攻关的新型举国体制。一是把集中力量办大事的制度优势、超大规模的市场优势同发挥市场在资源配置中的决定性作用结合起来，坚持需求导向和问题导向，面向世界科技前沿、面向经济主战场、面向国家重大需求、面向人民生命健康，整合优化科技资源配置，着力解决中国经济社会发展、民生改善、国防建设面临的现实问题。二是加强基础研究，创新人才教育培养，注重提升原始创新能力，努力实现更多"从 0 到 1"的突破。三是充分发挥国家作为重大科技创新组织者的作用，健全国家实验室体系，加快建设跨学科、大协作、高强度的协同创新基础平台，实施一批体现国家战略意图的重大科技项目，在前瞻性、战略性领域打好主动仗。

正如习近平总书记所指出：我们最大的优势是我国社会主义制度能够集中力量办大事。这是我们成就事业的重要法宝。中国很多重大科技成果都是依靠这个法宝搞出来的，千万不能丢了。我们要用好这个法宝，强化国家战略科技力量，依靠自力更生和自主创新，在关键领域、"卡脖子"的地方下大功夫，实现关键核心技术自主可控，为中国经济高质量发展提供科技支撑。

构建双循环新发展格局

2020年年末，央视报道《咬文嚼字》杂志发布"2020十大流行语"，逆行者、后浪、直播带货、双循环等年度热词入选。其中，"双循环"作为经济领域专业术语走进大众视野、成为新潮词，反映了人们对中国经济发展政策走向的普遍关注。

这里所说的双循环，是指以国内大循环为主体、国内国际双循环相互促进的新发展格局。2020年5月，中共中央政治局常委会召开会议，首次提出"构建国内国际双循环相互促进的新发展格局"。同年，"双循环"写入《中共中央关于制定国民经济和社会发展第十四个五年规划和二〇三五年远景目标的建议》重要文献，正式成为国家重大战略。

那么，应该如何看待双循环？有人提出，新发展格局是不是中国迫于外部形势的无奈之举、被动之举？是否意味着中国扩大开放政策将发生改变？是否意味着搞自我小循环？显然，答案是否定的。

构建双循环新发展格局，是中国基于国内外形势的发展变化所进行的重大战略调整。近年来，中国推进供给侧结构性改革，有效改善了供求关系，同时坚持实施扩大内需战略，使发展更多依靠内需特别是消费需求拉动，中国对外贸易依存度从 2006 年峰值的 64.2% 下降到目前 30% 左右。同时，随着全球政治经济环境的深刻变化，逆全球化趋势加剧，有的国家大搞单边主义、保护主义，传统国际循环明显弱化。在这种情况下，中国必须作出重大调整，把发展立足点放在国内，更多依靠国内市场实现经济发展。

可以预见，未来一个时期，中国国内市场主导经济循环的特征会更加明显。中国拥有 14 亿人口，其中有 4 亿多中等收入群体，商品零售额实际已超过美国而位居世界首位，经济增长的内需潜力会不断释放。基于国内大市场形成的强大生产能力，中国可以促进全球要素资源整合创新，使规模效应和集聚效应最大化发挥。

构建双循环新发展格局，是中国把握发展主动权的先手棋，不是被迫之举和权宜之计。从国际比较看，大国经济的特征都是内需为主导、内部可循环。中国作为全球第二大经济体、制造业第一大国、消费规模第一大国，国内经济循环同国际经济循环的关系客观上早有调整的要求。这是中国提出构建新发展格局的首要考虑。

特别是在当前国际形势充满不稳定性不确定性的背景下，中国必须积极作为，坚持立足国内、依托国内大市场优势，化解外部冲击和外需下降带来的影响，确保在极端情况下经济基本正常运行和社会大局总体稳定。同时，中国通过建立起扩大内需的有效制度，有效地释放内需潜力，加快培育完整内需体系，使建设超大规模的国内市场成为一个可持续的历史过程。

构建双循环新发展格局，是开放的国内国际双循环，不是封闭的国内单循环。中国经济已经深度融入世界经济，同全球很多国家的产业关联和相互依赖程度都比较高，内外需市场本身是相互依存、相互促进的。以国内大循环为主体，绝不是关起门来封闭运行，而是通过发挥内需潜力，使国内市场和国际市场更好联通，以国内大循环吸引全球资源要素，更好利用国内国际两个市场、两种资源，提高在全球配置资源的能力，更好争取开放发展中的战略主动。构建新发展格局是以全国统一大市场基础上的国内大循环为主体，不是各地都搞自我小循环。中国提出以国内大循环为主体，是针对全国而言的。如果各地都搞省内、市内、县内的自我小循环，搞"小而全"，甚至以"内循环"的名义搞地区封锁，就会破坏国内统一大市场，阻碍国民经济良性循环。

双循环新发展格局提出后，从上到下各个主体都行

动了起来，积极寻找各自在国内大循环和国内国际双循
环中的位置和比较优势，把构建新发展格局同实施区域
重大战略、区域协调发展战略、主体功能区战略以及建
设自由贸易试验区等有机衔接起来，打造改革开放新高
地，为经济高质量发展提供新的动力。

高质量发展成效已现

面对复杂严峻的内外形势，由于党中央准确研判了
经济发展形势，提出了新的发展理念，制定了高瞻远瞩
的发展战略，采取了恰如其分的应对之策，中国经济经
受住了全球化逆流和新冠肺炎疫情带来的双重冲击与考
验，呈现出高质量发展的良好态势。

经济实力稳步增长。2021 年中国国内生产总值达到
124 多万亿元、占全球经济比重达 17% 左右，对世界经
济增长的贡献率达到 30% 左右。同时，2021 年，中国人
均国内生产总值突破 1.25 万美元，标志着中国向高收入
国家水平又迈出坚实一步。

科技创新能力大幅提升。当前，中国的研发经费投
入总量居世界第二，与美国的差距越来越小，劳动生产
率和科技进步贡献率稳步提高。中国通过《专利合作条
约》提交国际专利申请量跃居世界第一，载人航天、探
月工程、超级计算、集成电路、量子通信、生物工程、

人工智能、深地深海等前沿领域取得重大进展，国家战略科技力量明显提升。

经济结构持续优化。中国社会消费品零售总额稳居世界第一大市场，最终消费支出对经济增长的贡献率保持在 60% 以上。中国产业结构持续优化，粮食产量连续多年保持在 1.3 万亿斤以上，制造业增加值多年位居世界首位，规模以上高技术产业增加值占比持续上升，服务业增加值占国内生产总值比重超过 50%，信息传输、软件和信息技术服务业等新兴服务业增速高达 20% 左右，成为助推服务业持续增长的新动能。

中高端产业结构正在形成。中国战略性新兴产业和先进制造业加速壮大，智能制造、工业互联网发展进入快车道，一批数字化车间和智能工厂初步建成。5G、云计算、大数据、物联网、人工智能、区块链等新技术新业态蓬勃兴起，数字经济蓬勃发展。绿色制造工程持续推进，全国规模以上工业企业单位工业增加值能耗持续下降。"增品种、提品质、创品牌"战略深入实施，中国标准体系持续完善。区域布局不断优化，一批先进制造业集群加快发展壮大。如今，中国的产业结构、需求结构、收入分配结构明显优化，新经济新动能快速增长并达到可观规模，中国经济实现了量的合理增长和质的稳步提升。这些都是中国进入高质量发展阶段的鲜明特征。

　　面向未来，推动经济高质量发展，中国还有很多事情需要做，还有很长的路需要走。中国必须始终坚持以高质量发展为主题的战略，按照已制定的经济高质量发展的时间表、路线图，实现经济社会持续稳定高质的发展。

第 5 章
中国式民主是个好事物

　　世界上有两种典型的民主模式，一种是以美国为代表的西式民主模式，一种是以中国为代表的全过程人民民主模式。进入新时代后，中国式民主在实践中是如何运行的？中国式民主表现出哪些鲜明的特征？为何中国式民主在世界上越来越具有吸引力？

1945 年 7 月，黄炎培先生造访延安期间，曾坦率地对毛泽东说：我生六十多年，耳闻的不说，所亲眼看到的，真所谓"其兴也勃焉"，"其亡也忽焉"……总之没有能跳出这周期率。毛泽东自信地说道：我们已经找到了新路，我们能跳出这个周期率，这条新路就是民主，走群众路线。正所谓没有民主就没有社会主义，人民民主是社会主义的生命。进入新时代后，习近平总书记指出：中国特色社会主义民主是个新事物，也是个好事物，是最广泛、最真实、最管用的民主。中国特色社会主义民主本质上就是全过程的人民民主。

中国式民主生长于中国的土壤

"物之不齐，物之情也。"世界上有 200 多个国家和地区，2500 多个民族，70 多亿人口，什么都按照一个标准是不可能的。世界上不存在完全相同的民主制度，也不存在适用于一切国家的政治制度模式。照抄照搬他国的民主模式行不通，会水土不服，甚至会把国家前途命运葬送掉。

民主发展道路的摸索

建立什么样的民主制度，走什么样的民主道路，是近代以来中国面临的一个历史性选择，关系到中华民族的前途与命运。

1840 年后的中华民族外遭帝国主义的侵略，内受封建主义的压迫，人民根本没有任何民主权利可言。为改变国家和民族的命运，一代又一代追求进步的中国人奋起反抗，开展了前仆后继的英勇斗争。在救亡图存运动中，一些中国的革命先行者曾经把目光转向西方寻求救国救民的道路，在中国推行资产阶级改良运动和发动资产阶级民主革命。

但是，无论是资产阶级民主改良还是资产阶级民主革命，都没有给中国带来真正的民主、繁荣与自由，相反中国人民仍然生活在贫穷、落后、动荡、战乱不断的苦难深渊中。严酷的现实，使越来越多的中国人认识到，在中国照搬西方资本主义政治制度是一条走不通的路，要完成救亡图存和反帝反封建的历史任务，必须另外寻找新的救国救民的道路，建立全新的民主政治制度。

领导中国人民寻找新的道路和新的制度的重任，历史地落在了中国共产党人的身上。与其他政治势力不同，中国共产党领导人民进行革命的目的之一，就是要实现大多数人的民主，而不是少数人的民主。在艰难困苦的革命斗争中，中国共产党坚持把马克思主义普遍真理与中国革命具体实际相结合，先后提出了"工农民主""人民民主""新民主主义"等民主理念，并先后以工人代表大会、农民协会、工农兵代表苏维埃、参议会、各界人民代表会议等实践和组织形式，创造适合中国国情、能够保证人民当家作主的民主政治实现形式。这些民主实践与当时国民党独裁式的统治制度形成了鲜明对比，反映了绝大多数人民的意愿并得到更广泛的支持和拥护。这也是中国共产党领导的革命为什么能够最终成功的重要原因之一。

新中国成立后，中国共产党成为执政党，人民民主的制度实践形式迅速在全国范围推行，中国人民开始真正当家作主，成为国家、社会和自己命运的主人。1954年新中国颁布实施了第一部宪法《中华人民共和国宪法》这样写道：把工人阶级领导的、以工农联盟为基础的人民民主专政的国家制度和人民代表大会的政体制度确立为中华人民共和国的根本政治制度，并明确规定：中华人民共和国的一切权力属于人民；人民行使权力的机关是全国人民代表大会和地方各级人民代表大会。人民代表大会制度的建立和《中华人民共和国宪法》的颁布施行，使中国人民行使当家作主的权利有了可靠的制度保障和最高法律依据。

中国的人民民主是个新事物，也是个好事物。这并不是说，中国民主政治制度就完美无缺了。相反，它也需要有一个不断发展、逐步完善的过程。20 世纪 70 年代末实行改革开放以来，中国共产党在深刻总结历史经验基础上，领导人民进入了中国社会主义民主政治建设的全新时代。没有民主就没有社会主义，就没有社会主义的现代化，就没有中华民族伟大复兴；坚持国家一切权力属于人民，坚持人民主体地位，支持和保证人民通过人民代表大会行使国家权力；扩大人民民主，健全民主制度，丰富民主形式，拓宽民主渠道，从各层次各领域扩大公民有序政治参与，发展更加广泛、更加充分、更加健全的人民民主；倾听人民呼声，回应人民期待，解决好人民最关心最直接最现实的利益问题；坚持共产党的领导、人民当家作主和依法治国的有机统一，推进社会主义民主制度化、规范化、程序化。所有这些民主原则，成为中国共产党和中国人民完善和发展社会主义民主政治的基本共识。

经过多年的不懈探索与奋斗，中国式民主模式越来越成熟、越来越清晰。人民代表大会制度、中国共产党领导的多党合作和政治协商制度、民族区域自治制度等民主制度不断完善和发展，城乡基层民主不断扩大，协商民主稳步推进，公民的基本权利得到尊重和保障，中国共产党民主执政能力、政府民主行政能力显著增强，司法民主体制建设不断推进。同时，随着全面依法治国，在建设社会主义法治国家目标的指引下，中国的民主制度化、规范化和程序化建设得以加强，以宪法为核心的中国特色社会主义法律体系日益完善，国家政治、经济、文化、社会生活、生态环保等主要方面基本做到了有法可依，这也是中国社会主义民主政治发展进步的极大体现。

中国式民主的独特性

中国式民主扎根于中国的土壤，既借鉴了人类政治文明包括西方民主的有益成果，又吸收了中国传统文化和制度文明中的民主性因素。因此说，中国的社会主义民主制度是我们自己的，具有鲜明的中国特色。

中国式民主是中国共产党领导的人民民主。中国共产党的领导是中国特色社会主义制度的最大特征，离开了中国共产党的领导，中国社会将陷入一盘散沙局面，甚至四分五裂，什么事也干不成，更别奢谈什么人民当家作主了。

中国式民主是由最广大人民当家作主的民主。中国的民主制度深深植根于人民之中，充分体现了人民当家作主的真实意愿。在中国，除了法律保障人民的民主权利不受侵犯外，国家坚持公有制为主体、多种所有制经济共同发展的经济制度，坚持按劳分配为主体、多种分配方式并存的分配制度。这就从经济基础上决定了中国的民主不受资本的操纵，不是少数人的民主，是最广大人民的民主。

中国式民主是以民主集中制为原则的民主。这里所说的民主集中制，就是充分发扬民主，进行集体协商，使人民的意愿和要求得到充分表达和反映；在此基础上集中正确意见，进行集体决策，使人民的意愿和要求得以落实和满足。同时，民主集中制还体现了"尊重多数，保护少数"的原则，反对无政府主义的"大民主"，反对把个人意志凌驾于集体之上。

总之，中国特色社会主义民主政治发展道路，是近代以来中国人民长期奋斗历史逻辑、理论逻辑、实践逻辑的必然结果，是中国共产党和中国人民的伟大创造。找到这样一条正确的民主发展道路不容易，必须坚定对中国特色社会主义民主的自信，增强走中国特色社会主义民主发展道路的信心和决心。

中国式代议制民主

2019 年 11 月，习近平总书记在上海市长宁区虹桥街道古北市民中心考察时，深有感触地说：我们走的是一条中国特色社会主义政治发展道路，人民民主是一种全过程的民主。人民民主具体地、生动地体现在人民当家作主的全过程各环节。中国人民依法实行民主选举、民主协商、民主决策、民主管理、民主监督，这五个环节扩大了人民有序政治参与，集中反映了全过程民主的具体形式。

全过程人民民主不同于西式民主

全过程人民民主是区别于西式民主的全新的民主理念，集中体现于中国特色社会主义民主制度安排与实践。其中，最典型、最具代表性的就是人民代表大会制度。人民代表大会制度作为中国的根本政治制度，体现了国家一切权力属于人民的民主本质。

与西方三权鼎立的民主制度不同，中国是由人民代表大会统一行使国家权力，"一府两院"由人民代表大会产生，对人民代表大会负责，受人民代表大会监督。各国家机关虽然分工不同、职责不同，但目标是完全一致的，都在中国共产党领导下，在各自职权范围内贯彻落实党的路线方针政策和宪法法律，为建设中国特色社会主义服务。

人民代表大会与"一府两院"不是相互掣肘，不是唱对台戏。人民代表大会统一行使国家权力要尽职尽责，但不代行行政权、审判权、检察权。人民代表大会根据中国共产党的主张和人民的意愿，通过制定法律、作出决议，决定国家大政方针，并监督和支持"一府两院"依法行政、公正司法，保障各国家机关协调有效地开展工作，把人民赋予的权力真正用来为人民谋利益。

中国的人民代表大会的代表与西方议会的议员所担负的职责也不相同。中国的人民代表大会代表，来自中国各地区、各民族、各行各业，中国的工人、农民、知识分子、解放军和妇女、归国华侨等都有适当比例的代表，人口再少的民族也都有代表。由此可见，中国的人民代表大会具有十分广泛的代表性。中国的人民代表大会的代表，工作和生活在人民中间，同人民群众保持着密切联系，对人民群众的生活和愿望感受最直接。中国的人民代表大会的代表，从事各自的职业，有各自的工作岗位，深入实践、贴近实际，对国家的方针政策、宪法法律的贯彻实施情况体会最深刻，对现实生活中的实际问题了解最深入。中国的人民代表大会的代表，是在人民代表大会召开期间依法集体行使职权，而不是每个代表个人直接去处理问题，中国的各级人大常委会办事机构是代表的集体参谋助手和服务班子。

人民当家作主的制度安排

人民当家作主，是中国式民主的重要体现。为确保人民当家作主的权利能够得到真正的落实，中国最高权力机关专门设计了一套科学有效的运行机制，便于人民行使宪法赋予的权利。

中国的全国人民代表大会和地方各级人民代表大会都由民主选举产生，对人民负责，受人民监督。中国宪法规定，年满18周岁的公民，不分民族、种族、性别、职业、家庭出身、宗教信仰、教育程度、财产状况、居住期限，除依法被剥夺政治权利的人外，都有选举权和被选举权。中国的县、乡两级人民代表大会代表都由选民直接选举产生，多年来享有选举权和被选举权的人数占18周岁以上公民人数的99%以上，参选率在90%左右。根据中国的实际情况，县以上的各级人民代表大会代表通过间接选举产生，即由下一级人民代表大会选举产生上一级人民代表大会代表。无论直接选举，还是间接选举，都依法实行差额选举。选民和选举单位有权依照法律规定的程序，罢免或者撤换自己选出的代表。代表有权依法提出议案、审议各项议案和报告、对各项议案进行表决，在人民代表大会各种会议上的发言和表决受法律保护。

中国的人民代表大会及其常务委员会充分发扬民主，

集思广益，代表和反映人民的意志和根本利益。中国的
人民代表大会及其常务委员会表决各项议案实行绝对多
数原则，即由全体组成人员的过半数赞成才能通过。全
国人民代表大会对宪法的修改，须由全体代表的三分之
二以上的多数通过。同时，中国的人民代表大会及其常
务委员会举行会议时，国家有关部门负责人可以列席会
议，有关部门和个人也可以旁听会议。列席会议人员有
发言权，无表决权。旁听人员没有发言权，如果他们对
人民代表大会常务委员会正在审议的议案有意见，可以
书面向常务委员会工作机构提出。

　　作为中国最高权力机关，中国的人民代表大会拥有
立法、监督、人事任免、重大事项决定四项权力。这也是
中国人民通过人民代表大会制度行使当家作主权利的主要
体现。特别值得一提的是，近年来中国的立法民主不断向
前推进。几乎每一件法案的起草都采取专家座谈会、论证
会等形式，听取专家的意见。有的法案还由立法机构直接
委托社会研究部门起草。对于调整重要社会关系的立法项
目，地方人大常委会还经常召开听证会，让不同利害关系
方发表意见。与此同时，中国的宪法修正案、婚姻法修改
草案、合同法草案、物权法草案、民法典在内的多项关系
到人民切身利益的重要法律案，都需要把草案向全民公布
征求意见。人民群众直接参与法律的制定，使法律能够充

分体现人民的意愿和要求，而且增强了全社会的法律意识，通过后也能比较顺利地执行。

实践充分证明，人民代表大会制度是保证中国人民当家作主的根本政治制度。它与其他制度一道，构建了全过程人民民主完整的制度程序。这些制度程序，形成了全面、广泛、有机衔接的人民当家作主制度体系，构建了多样、畅通、有序的民主渠道，有效保证了党的主张、国家意志、人民意愿相统一，有效保证了人民当家作主，使得国家和民族的前途命运掌握在人民的手里。

中国式民主注重协商而非对抗

早在新中国成立之初，毛泽东就说过：国家各方面的关系都要协商。我们政府的性格，你们也都摸熟了，是跟人民商量办事的。这里说的协商、商量，就是今天我们推行的协商式民主的最初形式。

协商民主是多重因素下的产物

进入新时代，社会主义协商民主全面展开、充满活力。习近平总书记指出：在中国社会主义制度下，有事好商量、众人的事情由众人商量，找到全社会意愿和要求的最大公约数，是人民民主的真谛。应该说，协商民主是最大程度地减少对抗与分裂的有效制度安排，是在多重因素和力量作用下的理性选择。

　　中国的政治思想传统，是社会主义协商民主的文化根源。虽然古代中国就特别强调政治统治要顺应民意、体现民意，但由于很早就形成了庞大的社会和国家，古罗马、古希腊那样的公民一人一票直选式民主在中国无法实施。钱穆先生就此曾经有过分析：中国的立国体制和西方历史上的希腊、罗马不同。他们国土小，人口寡。如希腊，在一个小小半岛上，已包有一百几十个国。他们所谓的"国"，仅是一个城市。每一城市的人口，也不过几万。他们的领袖，自可由市民选举。只要城市居民集合到一旷场上，那里便可表现所谓人民的公意。罗马开始，也只是一城市……中国到秦汉时代，国家疆土，早和现在差不多……何况中国又是一个农业国，几千万个农村，散布全国；我们要责望当时的中国人，早就来推行近代的所谓民选制度，这是不是可能呢？

　　显然，要在这样一个疆域广阔、人口众多、地形复杂的国家，进行有效的管理确实不是一件容易的事情。在交通和通信极为落后的传统时代的中国，国家治理靠一人一票方式或者召集全国性大会，更是无法做到的，也无可能的。日常国家治理只能是通过具有一定代表性的精英群体来实现，遇到复杂的问题则可以通过各个层面代表人物的沟通协商来通达民情民意，最终达到相对平衡的共识。中国古代社会县级政权以下长期实行的乡绅治理格局，某种程度上就是一种协商治理模式。中国传统社会重血缘家族关系，重人情、讲伦理，重秩序、重和谐，这些社会取向使得中国人习惯于用协商的办法，通过互相礼让、互相理解来解决问题，而不是用冷冰冰、硬邦邦的投票来处理血缘深厚的社会关系。

由此可见，协商民主在中国有着十分深厚文化根基，符合中国重结果正义的传统文化习俗。

毫无疑问，传统政治文化因素，对于一个国家民主模式的选择具有很大的影响力。新中国成立前夕，中国共产党专门召开全国政治协商会议，正式建立中国共产党领导的多党合作和政治协商制度。这个基本政治制度，就是中国式协商民主的一种新模式。

民主协商在中国的普遍运行

社会主义协商民主，是适合中国国情、具有中国特色的全过程人民民主的又一重要实现形式。协商民主要求有事多商量、遇事多商量、做事多商量，通过商量出办法、出共识、出团结，充满了中国智慧。

作为执政党的中国共产党，正是在和其他社会主体的广泛协商、平等交流中，共同创造了中国式协商民主。

中国共产党与各民主党派广泛开展政治协商，就是协商民主最为成功的案例。一般而言，中国共产党在决策前和决策执行过程中，都会就国家重大方针政策和重要事务与各民主党派、无党派人士进行协商，是实行科学决策、民主决策的重要环节，是中国共产党提高执政能力的重要途径。

经过多年的实践，中国多党合作制度中的政治协商形成了两种基本方式：一种是中国共产党同各民主党派的协商；一种是中国共产党在人民政协同各民主党派和各代表人士的协商。中国共产党与各民主党派政治协商的内容十分广泛，协商的形式多种多样，协商的程序也很规范。

随着实践的发展，当代中国的协商民主呈现出广泛、多层次、制度化的特点，除了中国共产党与各民主党派之间的政治协商外，还有人民代表大会协商、政府协商、人民团体协商、基层组织协商、社会组织协商、经济组织协商等一系列制度安排，为不同群体表达自己的利益诉求提供了足够的机会，为他们参与民主管理国家和社会事务提供了广阔的舞台。

现如今，协商民主已经深深嵌入中国社会主义民主政治全过程，把有序参与、平等议事、民主监督、凝聚共识、科学决策、协调各方、和谐发展融于一体，形成了许多鲜明的特色。

一是广泛性。协商民主的主体涵盖各党派、各团体、各民族、各阶层、各界别和各方面人士，协商民主的渠道多种、类型多样、形式灵活，可以最大限度满足不同阶层、不同群众复杂多样的参与要求。

二是包容性。协商民主坚持求同存异、体量包容的原则，蕴含合作、参与、协商的精神，既反映多数人的普遍愿望，又吸纳少数人的合理主张，既听取支持的、一致的意见，又听取批评的、不同的声音，有利于最大限度地包容和吸纳各种诉求。

三是平等性。协商民主是一种参与决策的民主形式，可以广泛形成人民群众参与各层次管理和治理的机制，有效克服人民群众在国家政治生活和社会治理中无法表达、难以参与的弊端；保证人民群众持续参与日常政治生活的权利，有效行使管理国家事务、管理经济和文化事业、管理社会事务的权力。

当今中国的政治发展既有集中又有民主，既生动活泼又富有效率，这与协商民主丰富的实践形式有着密切的关系。实际上，中国社会的高度稳定与经济持续快速发展，也得益于这种管用有效的民主制度安排。

反观西方民主，由于其天然的对抗性，导致相关国家严重政治分裂和社会撕裂。作为最发达的西方国家，多年来美国一直深受对抗式民主的困扰。美国尚且如此，那么这种对抗式民主经过包装后被推销到一些发展中国家，甚至贫穷国家，其所带来的破坏性是可想而知的。放眼当今世界，不少国家因为输入这种对抗式民主模式，再加上各种原有的民族或族群矛盾纠缠在一起，国家和社会陷入强烈的冲突和对抗之中，甚至燃起战火，经济发展无从谈起，人民生活异常艰难。事实上，这种对抗式民主制度，已经偏离了民主的本质。

中国式民主嵌入国家治理体系现代化

民主是现代国家治理体系的本质特征，是区别于传统国家管理体系的根本所在。中国式民主是一种全过程的民主，不仅需要完整的制度程序，而且需要完整的参与实践。在当代中国，人民民主具体地、现实地体现到中国共产党执政和国家治理之中，具体地、现实地体现在国家权力、司法机关运行之中，也具体地、现实地体现在人民参与社会治理之中。可以说，在中国，民主已嵌入国家治理体系，国家治理本质就是民主治理。

民主嵌入国家治理体系，首要的就是体现在中国共产党民主执政之中

在 70 多年的执政实践中，中国共产党形成了较为成

熟的民主执政理念，探索出高效的国家治理模式。中国共产党对国家和社会的领导，主要是通过制定大政方针，提出立法建议，推荐重要干部，进行思想教育，发挥党组织和广大党员的作用和影响，实现党的全面领导。在国家治理过程中，中国共产党重视发挥人民群众监督作用，确保党员干部权力正确行使。为了让群众更好地监督党的组织和党的干部，中国共产党建立了很多制度化的便利渠道。尤其是，中国共产党的领导人和党员干部常常到那些困难多、问题多的地方，同群众"身挨身坐、心贴心聊"，面对面地接受群众的监督，真心实意解决群众反映强烈的突出问题。这些制度安排，不仅畅通群众监督的渠道，解决了群众关心的问题，而且密切了党同群众的联系。中国共产党通过民主执政，不仅赢得了中国人民的广泛支持，而且团结了一切可以团结的力量，从而更好地确保了国家持续健康的发展。

民主嵌入国家治理体系，充分体现在中国政府的民主行政之中

为人民服务、对人民负责，支持和保证人民行使当家作主的权利，是中国政府全部工作的宗旨。依法行政，是中国政府施政的基本准则，也是民主行政的重要制度安排。在中国，法律对政府依法行政作了详尽的规定，

如没有法律依据，不得使人民承担义务或免除特定人应负的义务，不得侵害人民的权利或为特定人设定权利，等等。实行民主决策，是中国政府民主的又一重要制度安排。多年来，中国政府持续改革和完善决策机制，推进决策的科学化、民主化，通过各种形式支持和扩大公众对政府决策的有效参与。为提高公众的参与度，中国各级政府办理的行政事项，能够公开的都必须向社会公开，保障人民群众对政府工作的知情权、参与权和监督权。为推动民主决策，中国政府建立社会听证和公示制度。中国的立法法、价格法、行政许可法和收费公路管理条例等法律法规对举行听证作出明确规定，一些地方政府就行政决策的听证制定了政府规章。这些多样化举措，极大地丰富了人民群众参与国家治理的渠道。

民主嵌入国家治理体系，同样体现在中国司法民主之中

维护司法公正和社会正义，是现代法治国家的普遍要求，也是中国司法民主的重要体现。多年来，中国致力于推动司法体制改革，建立完善审判制度、法律监督制度，制定《仲裁法》《律师法》《公证法》《劳动争议调解仲裁法》等法律，建立起仲裁制度、律师制度、公证制度、法律援助制度和司法考试制度等制度，从而形成

具有中国特色的现代司法体系，捍卫法律面前人人平等的权利。近些年来，中国按照公正司法和严格执法的要求，完善司法机关的机构设置、职权划分和管理制度，进一步健全权责明确、相互配合、相互制约、高效运行的司法体制，从制度上保障审判机关和检察机关依法独立公正地行使审判权和检察权，更好地维护司法权威，维护人民群众的民主权利和合法权益，维护社会的公平和正义。

民主嵌入国家治理体系，突出体现在社会治理民主之中

社会治理是国家治理的重要方面，国家治理体系和治理能力现代化离不开社会治理的现代化。社会治理民主是社会治理现代化的标志之一。中国在长期实践中，探索出"共建共治共享"的社会治理模式。所谓"共建"，是指社会治理不只是政府的责任，而且是社会各方的共同责任；"共治"是指通过党委领导、政府负责、民主协商、社会协同、公众参与、法治保障、科技支撑，实现社会治理的社会化、法治化、智能化、专业化；"共享"是指通过社会治理确保人民安居乐业、社会安定有序，实现社会治理成果共同享有，不断提升人民群众的获得感、幸福感、安全感。"共建共治共享"模式，是中

国式全过程人民民主的生动体现，在应对和防控诸如新冠肺炎疫情等重大危机、化解基层矛盾纠纷，都显示出很高的效率。

民主嵌入国家治理体系，更是体现在广大基层群众自治之中。

以农村村民委员会、城市居民委员会和企业职工代表大会等为主要内容的基层群众自治体系，是中国式全过程人民民主的又一生动实践，为广大人民群众行使民主权利、参与国家治理提供了日益广阔的渠道。以中国农村基层自治为例。中国 14 亿人口中有近 6 亿在农村。如何扩大和发展农村基层民主，使农民在所在村庄真正当家作主，充分行使自己的民主权利，是中国民主政治建设的重大问题。经过多年的探索和实践，中国共产党领导亿万农民找到了一条适合中国国情的推进农村基层民主建设的途径，这就是实行村民自治。村民自治，实际上就是村民直接行使民主权利，依法办理自己的事情，实行自我管理、自我教育、自我服务的全过程人民民主的一项基本制度。基层群众自治，为实现人民当家作主提供了广阔的民主舞台，为广大基层群众直接行使民主权利提供了基本的制度供给。

由此可见，在当代中国，国家治理和制度安排始终贯穿着社会主义民主的基本价值，从根本上体现了人民的意志和人民的主体地位，终极目标是保障主权在民和人民当家作主。

中国式民主充分保障人权

人权是人民享受的民主权利之一。人权问题既有普遍性，又存在特殊性，中西方在追求人权的基本理想目标、价值和内容上存在着广泛的共同性。

但是，由于受历史、自然、文化、社会制度等多重因素的影响，中西方在对人权的理解和实现方式上存在着明显的差异。新时代的中国已经成功地走出了一条符合自身国情的人权发展道路，拓展了人类普遍追求的民主实现形式，为推动世界人权事业发展作出中国贡献、提供中国方案。

中国的人权观

由于中西方对人的理解、对权利概念的理解不同，因而在人权观上存在着明显差异。西方文化比较强调自然人即人的自然属性、个体性、利己性以及个人与他人的分离性；而中国文化则比较强调社会人即人的社会性、道德性以及个人对他人的依存性。

与此相适应，在人权观上，西方比较强调追求私有财产和个人幸福的权利，注重个人权利，而中国则是比较强调个人权利与集体权利、权利与义务的相互联系。西方文化注重"争"，中华民族讲究"和为贵"，强调合作与对话，任何事情都可以对话。从一定意义上说，这也是中国在人权问题上主张对话、反对对抗的重要思想文化基础。

正是由于文化、历史上的差异，中国形成了自己较为系统的人权理念和主张。

中国主张尊重人权发展道路的多样性，反对把自己的人权观强加给别人。只有将人权的普遍性原则同各国实际相结合，才能有效地促进人权的实现。世界各国在人权保障上没有最好，只有更好；世界上没有放之四海而皆准的人权发展道路和保障模式，任何国家都不能充当"人权教师爷"，人权事业发展必须也只能按照本国国情和人民需要加以推进。

贫穷是实现人权的最大障碍。没有物质资料的生产和供给，人类其他一切权利的实现都是非常困难或不可能的。生存权利的有效保障、生活质量的不断提高，是享有和发展其他人权的前提和基础。1840 年鸦片战争以来，中国长期遭受列强的侵略，国家极度贫穷落后，人民困苦不堪，根本毫无权利可言。中国人民深知免于贫困、免于饥饿为生存之本。新中国成立后，中国始终把解决人民的生存权、实现人民的发展权作为第一要务，不断解放和发展生产力，致力于消除贫困，提高发展水平，为保障人民各项权利的实现创造了基础条件。

与西方理念不同，中国人普遍认为，没有个人的发展，就没有集体的发展；同时，也只有在集体中，个人才能获得全面发展。在当代中国的人权实践中，国家既重视集体人权的发展，又重视个人人权的保障，努力使二者相互统一、相互协调、相互促进。个人权利只有与集体权利统一起来，才能实现人权的最大化。中国在国家富强、民族振兴和人民幸福融为一体的发展中，最大程度地保障每一个人和全体人民的各项权利。

检验人权实现的标准，不是挂在嘴上的口号，更不是写在纸上的条文，而是人民实实在在的获得感、幸福感、安全感。中国共产党和中国政府始终把人民放在人权事业的主体地位上，把人民利益摆在至高无上的位置上，目的就是让人民过上好日子，共同享有人生出彩的机会，共同享有梦想成真的机会，增进人民福祉，促进人的全面发展。这是实现人人享有更加充分人权的真谛所在。

中国人权历史性进步

中国人经常说，"实干才是最漂亮的语言""听其言观其行""语言并不能代替行动"。这些谚语，表达了中国人做事的基本人生态度。中国人很反感西方某些人总是把"人权"挂在嘴上，以人权为幌子干涉他国主权，而不是真心关系发展中国家的生存权和发展权。

在中国人看来，生活幸不幸福，才是人权价值的核心。对美好生活的向往是推动人类文明进步最持久的力量，也是人权理念的根本价值所在。中国共产党和中国政府始终将人民对美好生活的追求视为民族解放、国家建设、经济增长、社会发展的持久而深厚的动力，始终把人民利益摆在至高无上的位置，始终践行全心全意为人民服务的宗旨，将人民利益的实现作为人权事业的立足点，重视解决人民最关心最直接最现实的利益问题。

中国共产党和中国政府聚焦人民日益增长的对美好生活的多样化、多层次、多方面的需求，在精准脱贫和就业、教育、医疗、养老等方面持续加大资金投入，让老百姓真正过上好日子。

国家积贫积弱、人民贫困如洗，是旧中国留给世人的深刻印象。进入新时代以来，中国共产党和中国政府把贫困人口脱贫作为全面建成小康社会的底线任务，推动农村贫困人口实现脱贫、贫困县全部摘帽，解决区域性整体贫困。经过持续努力，中国农村近 8 亿贫困人口（按照 2010 年国家贫困标准）全部摆脱贫困，农村贫困发生率下降至 1% 左右。2021 年 2 月 25 日，中国政府宣布实现了"消除农村绝对贫困"的目标。中国成为世界上减贫人口最多的国家，是第一个完成联合国千年发展目标减贫目标的发展中国家，对全球减贫贡献率超过70%。美国著名未来学家约翰·奈斯比特认为，从全球背景来看，中国减贫努力对寻求摆脱贫困的新兴经济体具有巨大价值。

在摆脱贫困的过程中，中国把更多的财力投入到改善民生上，让人民过上有尊严的生活。

建立起覆盖城乡的社会保障体系，形成世界上最大规模的社会保障安全网。2021年年底，中国参加基本养老保险人数达10亿以上，包括职工基本医疗保险、城乡居民基本医疗保险在内的基本医疗保险覆盖超过13亿多人，基本实现全民医保。中国社会保障卡持卡人数超过13亿人，覆盖全国90%以上人口。

大幅提高教育普及率，形成世界上最大规模的教育体系。中国通过多年持续的努力，2021年幼儿学前三年毛入园率达88.1%，普惠性幼儿园在园幼儿覆盖率达87.78%；小学学龄儿童净入学率近100%，九年义务教育巩固率达95.4%，高等教育毛入学率达57.8%。这些数字的背后，是中国人的教育权利得到充分保障的生动体现。

高度重视劳动者的就业，建立起完善的劳动者保障机制。近年来，中国每年实现城镇新增就业1300万人以上。2021年，中国就业人数超过8亿人。城镇登记失业率长期处于 4% 以内的较低水平。创造如此庞大规模的就业机会，这本身就是一个奇迹，是一个了不起的成就。

充分尊重和保障人身权利和人格尊严。人身权利和人格尊严是人权保障的基本内容。中国始终注重人身权利和人格权利的保障，宪法确认了公民人格权。中国持续推进户籍制度改革，放宽户口迁徙政策限制，促进有能力在城镇稳定就业的常住人口有序实现市民化，至 2021 年年末中国常住人口城镇化率为 64.72%。此外，中国严格依法保障居民住宅不受侵犯、通信自由和信息安全。

中国除了保障人民的选举权外，还重视保障人民的知情权、参与权、表达权、监督权。中国现在已经建立了比较成熟的法律草案公开征求意见工作机制、完善的政务公开制度体系，以及公众参与国家重大事项决策的渠道。中国建立了健全的决策机制，建立畅通民意表达的渠道，创新群众监督方式，建立便捷高效的网络表达平台，公民在网络上积极建言献策，表达自己的正当诉求，有序参与社会管理。

实行宗教信仰自由政策，保障公民宗教信仰自由权利。中国有佛教、道教、伊斯兰教、天主教和基督教等宗教信教公民近 2 亿人，宗教教职人员 38 万余人，依法登记的宗教活动场所 14.4 万处，宗教院校 92 所。国家对待各宗教一律平等，一视同仁，不以行政力量发展或禁止某个宗教，任何宗教都不能超越其他宗教在法律上享有特殊地位。

有位西方学者说，西方国家通常不重视《世界人权宣言》中有关社会、经济和文化权利的条款，而是喜欢谈论所谓的西方式的自由。尽管中国与西方国家在制度方面存在差异，然而在日常生活中，中国人享有的自由与西方国家人相同。无论如何，必须承认的是，过去数十年来，中国人不仅在享有经济和社会权利等方面取得了巨大进步，而且在自由、民主、法治、公平、正义、安全、环境等方面的权益得到充分的保障。

保护特定群体的权利

美国知名学者格兰德尼教授曾说，现在有很多谣传，抱怨中国政府的民族政策对少数民族实行了"经济歧视"，甚至批评说中国政府对新疆实行移民政策，试图改变当地的民族结构。事实上，中国政府始终在就业等方面对少数民族给予特别关照。这种政策相当不错。中国政府还在新疆维吾尔自治区进行双语教学，保障宗教信仰自由，提供良好的教育机会等。

事实正如格兰德尼教授所说，新中国成立70多年来，中国政府结合国情采取有针对性的措施，切实保障少数民族的合法权益，共享国家发展繁荣的成果。

在当代中国，各民族自治地方依法享有广泛的自治权，包括政治、经济、教育、科学、文化、卫生等各项事业的自主管理权。民族自治地方的人民代表大会除享有地方国家权力机关的权力外，还有权依照当地民族的政治、经济和文化特点，制定自治条例和单行条例。民族自治地方的人民代表大会常务委员会，均由实行区域自治民族的公民担任主任或者副主任；民族自治地方政府的主席、州长、县长或旗长，均由实行区域自治民族的公民担任。

中国通过实施西部大开发、兴边富民行动、扶持人口较少民族、少数民族特色村镇保护与发展、对口支援以及制定少数民族事业专项规划等战略举措，持续加大投入力度，促进少数民族和民族地区经济社会持续快速发展。近年来，包括新疆在内的少数民族地区经济增长速度高于全国水平，百姓生活日新月异。

中国通过发展各级各类民族学校，举办内地预科班、民族班，对少数民族考生升学予以照顾，在广大农牧区推行寄宿制教育，提升民族地区高等教育水平，促进教育公平，保障少数民族受教育权利。现如今，中国民族地区已全面普及从小学到初中九年义务教育，西藏自治区、新疆维吾尔自治区的南疆地区等实现了从学前到高中阶段 15 年免费教育。

在中国，除回族和满族通用汉语文外，其他 53 个少数民族都有本民族语言。国家依法保障少数民族语言文字在行政司法、新闻出版、广播影视、文化教育等各领域的合法使用。建设中国少数民族濒危语言数据库，设立并实施"中国语言资源保护工程"。其中，新疆维吾尔自治区使用汉、维吾尔、哈萨克、柯尔克孜、蒙古、锡伯 6 种语言文字出版报纸、图书、音像制品和电子出版物，使用多语言、多文种播送电视和广播节目等。国家在民族地区实施双语教育，基本建立起从学前到高中阶段的双语教育体系。

在中国，少数民族正常的宗教活动和宗教信仰依法受到充分保护。以多种语言文字翻译出版发行伊斯兰教、佛教、基督教等宗教典籍。西藏自治区有藏传佛教活动场所 1000 多处，住寺僧尼 4 万多人，现有活佛数百名。新疆维吾尔自治区有清真寺、教堂、寺院、道观等宗教活动场所 2 万多座，其中清真寺有 2 万多座，教职人员近 3 万人，学生可在伊斯兰教经学院接受本科教育，《古兰经》《布哈里圣训实录精华》等出版发行达 100 多万册。实行有组织、有计划的朝觐政策，加强服务保障，确保朝觐活动安全有序。

除了充分保护少数民族的政治、经济、教育、语言、宗教等权利外，中国共产党和中国政府还十分重视妇女、儿童、老年人和残疾人等特定群众的合法权益，确保他们能够以平等的地位和均等的机会充分参与社会生活。

中国式民主产生了广泛持久的影响力

　　进入新时代，世界上越来越多的人开始对西式民主进行反思，认为其并不一定就是最好的民主模式。与此同时，随着中国的快速发展，很多人开始理性、客观地看待、分析和高度评价中国式民主。

　　为什么中国式民主会引起人们广泛的关注？这不外乎于以下几个方面的重要因素。

　　中国式民主可以确保国家的高度稳定和快速发展。中国特色社会主义民主制度优越性的一个突出特点是，党总揽全局、协调各方的领导核心作用。在中国的国家治理体系的大棋局中，党中央是坐镇中军帐的"帅"，车马炮各展其长，一盘棋大局分明。新中国成立70多年来，中国共产党带领全国各族人民披荆斩棘、风雨兼程，创造了世所罕见的经济快速发展奇迹和社会长期稳定奇迹。实践充分证明，党的集中统一领导这种制度设计，不但可以有效地避免在中国出现各自为政、一盘散沙的局面，而且可以确保国家政治长期稳定，推动经济社会赶超式跨越式发展。

中国式民主可以调动人民参与国家建设的积极性。纵观当代中国民主制度，其价值核心就是代表人民根本利益。事实上，判断一种民主制度的优劣，关键要看其为谁服务、为谁谋利。中国民主制度把实现好、维护好、发展好最广大人民根本利益作为一切工作的根本出发点和落脚点，坚持把人民拥护不拥护、赞成不赞成、高兴不高兴作为制定政策的依据。中国民主制度顺应民心、尊重民意、关注民情、致力民生，保障最广大人民根本利益，促进实现整体利益和局部利益、集体利益和个人利益、当前利益和长远利益的有机平衡，因而得到最广大人民的衷心拥护，汇聚14亿中国人的磅礴伟力，依靠广大人民群众推动国家蓬勃发展。

中国式民主可以增进人民的福祉。增进人民福祉，是中国共产党的不懈追求。随着人民生活水平不断提高，中国人民的公平意识、权利意识不断增强，对社会不公、生态环境、社会安全等问题反映越来越强烈，通过各种途径表达合理诉求。为解决这些关系群众切身利益的问题，中国共产党和中国政府实施了一大批惠民举措，人民群众的获得感显著增强。中国共产党在追求发展的同时，并没有抛弃"共同富裕"这一社会主义基本价值。中国在坚持社会主义基本经济制度的基础上，通过调整收入分配格局，完善税收、社会保障、转移支付等再分配调节机制，使全体人民朝着共同富裕方向稳步前进。

中国式民主可以集中力量办大事。中国改革开放总设计师邓小平曾指出：社会主义同资本主义比较，它的优越性就在于能做到全国一盘棋，集中力量，保证重点。事实确实如此。新中国成立之初，在经济极端困难、技术基础薄弱、帝国主义封锁等严峻条件下，中国共产党带领全国人民发挥社会主义制度优势，集中力量完成第一个"五年计划"，建立起比较完整的工业体系；研制出"两弹一星"，打破美苏等国的核垄断和核讹诈；勘探和开发大庆油田，摘掉了中国是一个贫油国家的帽子；等等。同样，面对 2020 年初暴发的新冠肺炎疫情，中国迅速打响疫情防控的人民战争、总体战、阻击战，用 3 个月左右的时间取得武汉保卫战、湖北保卫战的决定性成果，进而又接连打了几场局部地区聚集性疫情歼灭战。所有这些都表明，中国式民主能够调动一切积极因素，集中力量办大事。

总而言之，今天的中国实现了快速而可持续的发展，培育催生了中国式民主。可以预见，世界历史不会被西方的"自由民主"所终结，中国式民主一定会得到越来越多人的理解与赞同，并为世界各国探索民主发展道路提供有益的借鉴。

第6章
中国文化软实力渐进跃升

文化自信是民族自信的基石,也是一个国家在国际竞争中的软实力。进入新时代后,为何要提振中国人的文化自信?为什么要抵御西方意识形态的渗透并培育自己的核心价值观?如何用文化软实力来凝聚国家民族的力量?

　　文化是一个民族生存和发展的隐形力量，更是一个民族国家的软实力象征。人类社会每一次跃进，人类文明每一次升华，无不伴随着文化的历史性进步。进入新时代后，面对东西文化更为复杂的交融、交流、交锋，以及实现中华民族伟大复兴繁重使命，如何繁荣发展中国特色社会主义文化，坚定人民文化自信和文化自觉，是摆在中国共产党人面前的一个重大的时代课题。近10年来，中国共产党准确把握时代的脉搏，注重引领社会思潮和意识形态，提升在世界上的话语权，中国的文化软实力出现整体性跃升。

文化自信是民族自信的前提

　　坚定中国特色社会主义道路自信、理论自信、制度自信，说到底是要坚定文化自信，文化自信是更基本、更深沉、更持久的力量。这充分表明，文化自信在一个民族国家发展中有着极为重要、不可替代的价值。

　　什么是文化自信

　　简单地说，文化自信是一个民族对自己文化的自我肯定和自我认同，即对民族文化价值及其生命创造力

和自我发展前景的充分肯定、自觉坚信与执着坚守。从
另外一个角度来说，文化自信是基于一种文化自觉，对
"为何自信、自信什么"等重大问题进行理性思考基础
上，形成的一种乐观自信的文化态度。

　　文化自信信什么？或者说，文化自信有哪几个层面？
这是一个必须回答的问题。文化自信就是对中国特色社
会主义文化的自信，它包含了三个层面。

　　第一个层面，就是对中华优秀传统文化的自信。古
往今来，中华民族之所以在世界有崇高的地位、深远的
影响，不是靠穷兵黩武，不是靠对外扩张，而是靠中华
文化的强大感召力和吸引力。中国的先人早就认识到
"远人不服，则修文德以来之"的道理。中华民族具有
许多优秀的品质，以德服人、以文化人是其中最有代表
性的两个方面。从老子、孔子、庄子、孟子、屈原、王
羲之、李白、杜甫、苏轼、辛弃疾、关汉卿、曹雪芹，
到鲁迅、郭沫若、茅盾、巴金、老舍、曹禺，再到聂
耳、冼星海、梅兰芳、齐白石、徐悲鸿，从诗经、楚辞
到汉赋、唐诗、宋词、元曲以及明清小说，从《格萨尔
王传》《玛纳斯》到《江格尔》史诗，从五四时期新文
化运动、新中国成立到新时代的今天，产生了灿若星辰
的文艺大师，留下了浩如烟海的文艺精品，不仅为中华
民族提供了丰厚滋养，而且为世界文明贡献了华彩篇章。

这些优秀传统文化，无论从内容特质、时代价值，还是国际影响方面，彰显了独特的中国文化魅力，奠定了当代中国文化自信的强大底气，对当代中国国家特性的塑造、国家发展道路的选择等都产生重要的精神引领，成为国家最深厚的文化软实力和中国特色社会主义文化植根的沃土，是中华民族文化自信的根基之一。

第二个层面，就是对党领导人民创造的革命文化的自信。在新民主主义革命中，为争取民族独立和人民解放，中国人民在中国共产党的领导下形成了丰富的革命精神和优良的革命传统作风，构成了特点鲜明的革命文化。建党精神、井冈山精神、长征精神、抗战精神、延安精神、沂蒙精神、西柏坡精神等优良革命传统，不仅是激励中国人民革命前行的不竭动力，而且也是激励当代中国人为实现民族伟大复兴中国梦而不懈奋斗的强大支撑。继承革命文化，弘扬革命精神，在当今世界经济全球化政治多极化，以及文化交会交融交锋不断向纵深发展的境遇中，培育文化自信也必然包括对革命文化的自信与传承。

第三个层面，就是对社会主义先进文化的自信。社会主义先进文化是中国特色社会主义事业发展的强大精神动力。新中国成立以来，中国道路、中国模式、中国效率、中国奇迹的出现与成功，充分证明了社会主义文化的无比先进性与强大生命力。只有坚定对社会主义先进文化价值与生命力的自信，不断在社会主义核心价值观引领下推进具有中国风格、中国特色的文化发展，才能有效抵制各种非马克思主义、反马克思主义思想的侵蚀，在错综复杂的激烈的意识形态领域斗争中保持正确立场和清醒头脑，更好地坚守社会主义的意识形态阵地，捍卫中国特色社会主义。

当然，文化自信并不排除外来文化，而是对外来文化的兼容并蓄。中华文化之所以能够历经沧桑而不衰，还在于它具有兼收并蓄的传统以及海纳百川的气度。经过数千年的洗礼，中华文化在坚持自我的基础之上，吸收借鉴能够为我所用的文化给养，旗帜鲜明地保持自己的特色。社会主义核心价值观的提出，合理吸收西方关于自由、平等、公正、法治等正面导向的文化内容，与中国古代传统文化"和谐、敬业、友善、诚信"相融合，形成了新时代中国特色社会主义文化的精髓。

文化自信不会凭空而来

明白了文化自信"信什么"，就更容易理解"为什么要文化自信"。中共十九大报告中有一句话说得很好：没有高度的文化自信，没有文化的繁荣兴盛，就没有中华民族伟大复兴。这里实际上已经回答了"为什么要文化自信"这个重大问题。

那么，中国人的文化自信底气又在哪里呢？习近平总书记在庆祝中国共产党成立九十五周年大会上发表讲话时指出：当今世界，要说哪个政党、哪个国家、哪个民族能够自信的话，那中国共产党、中华人民共和国、中华民族是最有理由自信的。有了"自信人生二百年，会当水击三千里"的勇气，我们就能毫无畏惧面对一切困难和挑战，就能坚定不移开辟新天地、创造新奇迹。过往的历史充分证明，正是因为有了先进文化的底蕴，在中国共产党的领导下，经过百年的不懈奋斗，中华民族彻底改变近代以来国力衰败、人民苦难、民族命运任人宰割、民族自信心受到极大摧残的局面，取得了令世界震撼的改革开放和社会主义现代化建设的巨大成就，综合国力日益强大，国际地位、国际影响力空前提高。如今，中华民族实现伟大复兴和进一步走近世界舞台中央，已经展示出了光明的广阔前景，民族自信心空前高涨。这些历史性成就和历史性巨变，是中华民族坚定文化自信的物质基础、社会前提和时代条件。

当然，坚定文化自信，不能只挂在口头上，更要深入到思想认同，落实到实际行动上，体现在日常思想文化工作中，甚至是每个人的一举一动、一言一行中。

毫无疑问，增强和坚定文化自信，需要做很多耐心而细致的工作，需要长时间的培育与引导。

首先要不断巩固马克思主义在意识形态领域的指导地位。毛泽东曾指出：掌握思想领导是掌握一切领导的第一位。习近平总书记在纪念马克思诞辰 200 周年大会上也指出：马克思主义始终是我们党和国家的指导思想，是我们认识世界、把握规律、追求真理、改造世界的强大思想武器。因而，如果丢掉了马克思主义，根本谈不上坚定文化自信。坚定文化自信，就必须坚定不移地推动社会主义文化繁荣发展。一个国家、一个民族的强盛，总是以文化兴盛为支撑的，中华民族伟大复兴需要以中华文化发展繁荣为条件。实现中华民族伟大复兴，一方面要以经济崛起为重要标志的硬实力，另一方面还要有以文化繁荣兴盛为标志的文化软实力。因而，坚定不移推动文化繁荣发展，也是坚定文化自信的生动体现。

增强文化自信充分体现在对意识形态问题的高度重视上。意识形态领域是没有硝烟的战场。在意识形态领域尖锐斗争中，关键时刻要敢于发声，敢于"亮剑"，身先士卒，决不能羞羞答答、半遮半掩。因而，要按照谁主管谁负责原则，落实责任分工，做到守土有责、守土尽责。

其次是要加快构建具有中国特色、中国风格、中国气派的话语体系。中国不仅要让世界知道"舌尖上的中国"，还要让世界知道"学术中的中国"、"理论中的中国"、"哲学社会科学中的中国"，让世界知道"发展中的中国"、"开放中的中国"、"为人类文明作贡献的中国"。在西方相对强势的话语体系中，既要有足够的底气与定力，更要勇于发声、主动发声、善于发声，做到声声入耳，综合运用马克思主义理论斗争的批判武器，巧妙利用马克思主义话语、中国话语增强语言表达的说服力、战斗力，打造融通中外的新概念新范畴新表述，增强文化传播的亲和力，掌握话语权，不断提升国际新地位、展现国际新形象，让当代中国形象在世界上不断树立和闪亮起来。

此外，夯实文化自信的根基，一个很重要的工作就是从思想道德抓起，从社会风气抓起，从每一个人抓起。继承和弘扬中国人民在长期实践中培育和形成的传统美德，努力实现中华传统美德的创造性转化、创新性发展，引导人们向往和追求讲道德、尊道德、守道德的生活，让14亿人的每一分子都成为传播中华美德、中华文化的主体。宣传革命文化的优秀品质与优良传统，宣传社会主义先进文化的重大进展与美好未来，培育自尊自信、理性平和、积极向上的社会心态，培育健全国民的文化心态。

中国特色社会主义文化吸吮着中华民族五千年漫长

奋斗积累的丰富文化养分，具有无比深厚的历史底蕴，具有无比强大的前进定力，每一个中国人应该有这样的文化自信和文化自觉。

马克思主义指导地位动摇不得

2018 年 5 月初，马克思诞辰 200 周年之际，一尊高 4.6 米、重 2.3 吨的巨型马克思铜像在德国特里尔市中心的西蒙教堂广场揭幕。这尊来自中国的铜像，寄托着亿万中国人对马克思的崇高敬意。

马克思主义创立 170 多年来，不仅深刻改变了世界，也深刻改变了中国。2019 年中共十九届四中全会首次明确把坚持马克思主义在意识形态领域指导地位确立为中国社会主义必须始终遵循的根本制度。这是历史的结论、现实的必然，意义重大而深远。

文化建设的首要问题

坚持以什么思想理论为指导，是文化建设的首要问题，关系到政党的性质、政权的颜色、发展的方向，关系到民族的命脉、人心的凝聚、国家的长治久安。社会主义先进文化之所以先进，不仅在于继承了中华民族优秀的传统文化基因，更在于它以马克思主义这一先进理论为指导，培育形成了具有中国特色的社会主义文化内涵与文化价值。

那么，为什么说"坚持马克思主义在意识形态领域的指导地位"是历史的结论和现实的必然选择呢？

从历史逻辑来看，中国共产党是由马克思主义孕育催生、用马克思主义武装锤炼出来的政党，从诞生的第一天起就把马克思主义郑重地写在自己的旗帜上。正是因为选择了马克思主义，中国共产党才掌握了认识世界、改造世界的锐利思想武器，科学地认识时代、认识世界、认识中国，从而成为最先进的政治力量，在近代以后中国政治舞台上脱颖而出。

一百年来，正是因为毫不动摇地坚持和发展马克思主义，中国共产党才能与时代共前进、与人民共命运，始终走在时代前列、历经百年风雨依然风华正茂。对马克思主义的坚定信仰，决定了中国共产党的性质和宗旨、目标和方向、政策和主张，也成为一代又一代共产党人的政治灵魂、精神支柱和最鲜明的身份标识。同时，在长期的奋斗历程中，中国共产党始终坚持把马克思主义基本原理同中国具体实际相结合，找到了正确的新民主主义革命道路、社会主义革命和建设道路、中国特色社会主义道路，开创了中国特色社会主义新时代，从而建立并不断发展壮大社会主义中国，推动中华民族实现从站起来到富起来再到强起来的伟大飞跃。

找到一条正确道路、建立一个国家政权不容易，坚持住这条道路、巩固好这个政权更不容易。历史经验表明，国家动荡、政权更迭往往始于思想领域的混乱、指导思想的动摇。苏联解体、东欧剧变，以及近年来一些国家发生的"颜色革命"，就是活生生的前车之鉴。

从现实情况来看，坚持以马克思主义为指导，是当前和今后中国筑牢人民共同思想基础、凝聚团结奋进强大精神力量的客观要求。共同的思想基础，是与共同的奋斗目标紧密结合在一起的，是一个国家、一个社会团结一致向前进步发展的保证。有了共同的思想基础，就能万众一心、成就共同的目标和事业，反之就会一盘散沙、各行其是、一事无成。

当今世界正经历百年未有之大变局，中国正处于实现中华民族伟大复兴关键时期，既面临着大有可为的历史机遇，也面临着前所未有的风险挑战，统一思想、坚定信心、凝聚力量的任务更加凸显。同时，当今中国社会思想观念日益多样，社会价值取向日趋多元，各种社会思潮纷繁复杂。因而，在多元中立主导，在多样中谋共识，对于当今中国而言显得更加迫切。

马克思主义是指导社会主义中国发展进步的理论基础，也是推动先进文化发展的根本指针。只有旗帜鲜明坚持马克思主义指导地位，中国特色社会主义文化才能固本开新、永葆生机，否则就会失去灵魂、迷失方向。长期的实践也充分表明，马克思主义指导地位坚持得好、把握得牢，就能形成文化繁荣兴盛的生动局面，推动党和人民事业发展；坚持得不好，发生动摇和偏差，就必然造成思想文化上的混乱，给党和人民事业带来损害。

马克思主义指导地位不容置疑

当前，思想文化领域正在发生广泛而深刻的变革，社会文化生态更加复杂，马克思主义、非马克思主义甚至反马克思主义的思想观点同时存在，先进的和落后的相互交织，积极的和消极的相互影响，民族的和外来的相互碰撞。

社会上有这样一种论调，马克思主义是西方文化，中国作为拥有5000多年文明的东方大国，怎能靠马克思主义这个"外来户"来指导？

这种观点是完全错误的，其实质是想否定马克思主义的普遍指导意义，进而否定马克思主义在意识形态领域的根本指导地位。这种论调只看到了马克思主义起源于西方这一点，没有认识到马克思主义是具有世界普遍意义的科学真理，早已超越了时代和地域的局限；没有认识到，中国共产党始终坚持马克思主义基本原理同中国具体实际相结合，不断推进马克思主义中国化，以中国化的马克思主义解决各种重大理论和实践问题；没有认识到，马克思主义的命运早已同中国人民的命运紧紧连在一起，中华民族迎来从站起来、富起来到强起来的伟大飞跃就是在马克思主义指导下取得的。

在坚持马克思主义指导地位这个问题上，我们经常讲两句话：一句是"老祖宗不能丢"，另一句是"又要讲新话"。"老祖宗不能丢"，就是要把握科学理论的正确方向，不能偏离马克思主义基本原理；"又要讲新话"，就是不断推进实践基础上的理论创新，不断开辟马克思主义中国化新境界。习近平新时代中国特色社会主义思想是马克思主义中国化最新成果，是当代中国马克思主义、21世纪马克思主义。进入新时代，坚持马克思主义在意识形态领域指导地位的根本制度，摆在第一位的要求就是推动全党全社会全面贯彻落实习近平新时代中国特色社会主义思想。

实践证明，历史和人民选择马克思主义是完全正确的，中国共产党把马克思主义写在自己的旗帜上是完全正确的，坚持不懈推进马克思主义中国化时代化大众化是完全正确的。

新时代坚持马克思主义在意识形态领域指导地位，就是要坚定文化自信、增强文化自觉，牢牢把握社会主义先进文化前进方向，不遗余力发展面向现代化、面向世界、面向未来的，民族的科学的大众的社会主义文化，更好构筑中国精神、中国价值、中国力量。

意识形态阵地必须占领

一段时间内，一些人宣扬西方新闻观，标榜西方媒体是"社会公器""第四权力""无冕之王"，鼓吹抽象的绝对的所谓"新闻自由"。少数人打着"新闻自由"的旗号，专挑重大政治原则说事，公然攻击中国共产党的领导体制和中国社会主义制度。有的不顾起码的是非曲直，以骂主流为乐、反主流成瘾，怪话连篇，谎话连篇。表面上，西方媒体也有很多负面报道，但仔细看看，这些负面报道中涉及资本主义制度根本的严肃话题报道和讨论微乎其微。但如果世界其他地方特别是同西方意识形态不同的地方发生街头抗议事件，甚至暴力恐怖活动，西方媒体就会将其描绘为争取"民主""自由""人权""反抗暴政"的行动，不惜版面、时间进行渲染。对社会主义中国，西方媒体总是戴着有色眼镜，抹黑、丑化、妖魔化中国可谓无所不用其极。

由此可见，任何新闻舆论都有鲜明的意识形态属性，没有什么抽象的绝对的自由。西方媒体在垄断财团和资本势力的支配下，所谓的"不党不私""客观中立""社会公器"不过是"美丽谎言"。

面对如此复杂激烈的外部舆论环境，中国共产党必须高度重视意识形态工作，牢牢把握和占领新闻舆论宣传阵地，以抵制和防范西方意识形态渗透与破坏。

新闻舆论工作是党的一项重要工作，是治国理政、定国安邦的大事。做好党的新闻舆论工作，首要的是把政治方向摆在第一位，坚持党性原则，坚持党管宣传、党管意识形态、党管媒体，坚持政治家办报、办刊、办台、办新闻网站，让党的主张成为时代最强音。党和政府主办的媒体是党和政府的宣传阵地，必须姓党，必须抓在党的手里，必须维护党中央权威、维护党的团结，做到爱党、护党、为党。党管媒体，不能说只管党直接掌握的媒体，而是把各级各类媒体都置于党的领导之下。

有什么样的新闻观，就有什么样的新闻舆论工作。古人说："先立乎其大者，则其小者弗能夺也。"对党的新闻舆论工作来说，这个"大"，就是马克思主义新闻观。马克思主义新闻观是马克思主义立场、观点、方法在新闻舆论工作中的根本体现，是做好党的新闻舆论工作的"定盘星"。同时，注重揭示西方所谓"新闻自由"的本质，自觉抵制西方新闻观等错误观点的影响。

新闻舆论工作是意识形态阵地的最前沿。舆论导向正确，就能凝聚人心、汇聚力量，推动事业发展；舆论导向错误，就会动摇人心、瓦解斗志，危害党和人民事业。好的舆论可以成为发展的"推进器"、民意的"晴雨表"、社会的"黏合剂"、道德的"风向标"，不好的舆论会变成民众的"迷魂汤"、社会的"分离器"、杀人的"软刀子"、动乱的"催化剂"。无数事实证明，新闻舆论工作的领导权、管理权、话语权，任何时候都不能旁落，否则就要犯无可挽回的历史性错误。无论时代如何发展、媒体格局如何变化，党管媒体的原则和制度不能变。

宣传党的主张，就是宣传人民的主张，这个道理要搞清楚。在中国共产党领导下的社会主义中国，党性和人民性是一致的、统一的。中国共产党以全心全意为人民服务为根本宗旨，没有自己的特殊利益，体现党的意志就是体现人民的意志，宣传党的主张就是宣传人民的主张，坚持党性就是坚持人民性。那些"你是替党讲话，还是替老百姓讲话""你是站在党的一边，还是站在群众一边"的论调，把党性和人民性对立起来，是完全错误的、有害的。只有坚持党性原则，坚持以人民为中心的工作导向，才能确保新闻媒体始终为人民服务，而不是为少数人服务。

世界百年未有之大变局的今天，舆论生态、媒体格局、传播方式已经发生了深刻变化，新闻舆论工作面临很多新情况新问题新挑战，我们唯有加强马克思主义在意识形态领域的指导地位，改善党对新闻舆论工作的领导，才能影响、引领亿万人民跟着共产党一起向未来。

培育中国的核心价值观

核心价值观是一定社会形态社会性质的集中体现，在社会思想观念体系中处于主导地位，决定着社会制度、社会运行的基本原则，制约着社会发展的基本方向，影响着全体国民的思想认知。只有当一个国家、民族的文化具有了共同的核心价值时，它才能产生强大的精神动力、吸引力、凝聚力，也才能转化为成为巨大的物质生产力。相反，如果一个民族、一个国家没有共同的核心价值观，莫衷一是，行无依归，那这个民族、这个国家就无法前进，无法紧紧地团结在一起。

核心价值观的形成

中国的社会主义核心价值观的酝酿、提出和形成，有一个较长的历史发展过程。

早在 1979 年 9 月，叶剑英在一篇讲话中就提出，要建设高度的社会主义精神文明，这是我们社会主义现代化的重要目标，也是实现四个现代化的必要条件。邓小平也反复强调：实行开放政策必然会带来一些坏的东西，影响我们的人民。要说有风险，这是最大的风险。随后，1982 年中共十二大对社会主义精神文明作了全面的论述，提出把中国建设成为高度文明、高度民主的社会主义现代化国家的奋斗目标，培育有理想、有道德、有文化、有纪律的社会主义公民。

20 世纪 80 年代开始，社会上出现了拜金主义、极端个人主义等消极思想，西方自由化思潮也愈演愈烈。为此，1986 年中共十二届六中全会专门就社会主义精神文明建设的战略地位、根本任务、基本要求等作出全面战略部署，为加强全社会的思想文化建设指引前进的路径。但是，伴随着市场经济的发展，一些领域道德失范，拜金主义、享乐主义、个人主义滋长问题又沉渣泛起，社会思想文化受到消极因素的严重冲击，危害青少年身心健康的东西屡禁不止。再加上一些地方和部门的领导工作中忽视思想教育，忽视精神文明。在这样的背景下，1996 年 10 月中共十四届六中全会再次重申以培养"有理想、有道德、有文化、有纪律"的"四有新人"为根本任务，旨在牢固树立建设中国特色社会主义的共同理想，提高全民族的思想道德素质和科学文化素质，从而为物质文明的发展提供精神动力、智力支持和思想保证。可以说，社会主义精神文明建设孕育了社会主义核心价值观的基本要素，提供了宝贵的经验与启示。

进入 21 世纪之后，党中央酝酿提出"以人为本，树立全面、协调、可持续的发展观"，深化了对社会主义物质文明、政治文明和精神文明建设的协调发展和相互关系的认识。2006 年中共十六届六中全会明确提出社会主义核心价值体系的基本内容，包括马克思主义指导思想、中国特色社会主义共同理想、以爱国主义为核心的民族精神和以改革创新为核心的时代精神、社会主义荣辱观等。2007 年 10 月，中共十七大首次将建设社会主义核心价值体系纳入大会报告中，提出了建设社会主义核心价值体系，增强社会主义意识形态的吸引力和凝聚力的要求。

随着对社会主义核心价值体系认识的深化，中共中央以及理论界、学术界等都意识到，凝练和提出社会主义核心价值观不仅有所必要，而且成为必然趋势。2012 年中共十八大上正式提出了"富强、民主、文明、和谐，自由、平等、公正、法治，爱国、敬业、诚信、友善"为主要内容的社会主义核心价值观。这"24 个字"，回答了建设什么样的国家、建设什么样的社会、培育什么样的公民的重大问题，体现了中国社会价值共识的"最大公约数"。

社会主义核心价值观，是中国特色社会主义社会意识形态的主体和灵魂，不仅作用于经济、政治、文化、社会生活的各个方面，而且对每个社会成员的世界观、人生观、价值观有着深刻的影响。培育和弘扬核心价值观，有效整合社会思想意识，是社会系统得以正常运转、社会秩序得以有效维护的重要途径，也是推动国家治理体系和治理能力现代化的必不可少的战略举措。

抵制西方所谓"普世价值"

长期以来，西方国家为达到和平演变社会主义国家的目的，打着"自由、民主、人权"的旗号，在全世界推行所谓的普世价值观。

美国中情局前局长杜勒斯曾说："人的脑子、人的意识是会改变的。只要把脑子弄乱，我们就不知不觉改变了人们的价值观念，并迫使他们相信一种偷换的价值观念"。用什么办法来做呢？"我们将不知不觉地，但积极地和经常不断地促进官员的恣意妄为，让他们贪贿无度，丧失原则。官僚主义和拖沓推诿将被视为善举，而诚信和正派将被人耻笑，变成人人所不齿和不合时宜的东西……"。这段话充分暴露了西方推行"普世价值"背后的阴谋。

东欧剧变就是西方和平演变的成果，是所谓"普世价值"的胜利。近年来，格鲁吉亚、乌克兰、吉尔吉斯斯坦等国的"颜色革命"，就是由美国幕后支持反对派，打着民主旗号，追求所谓"普世价值"，通过和平方式实现政权更迭。

对于西方宣传的所谓"普世价值"，我们必须保持高度警惕。实际上，西方国家对中国的价值渗透、西化分化也从来没有停止过，而且不断翻新花样、变本加厉。它们的真实目的就是要争夺阵地、争夺人心、争夺群众，最终推翻中国共产党领导和中国的社会主义制度。如果用西方资本主义价值体系来衡量中国的实践，用西方资本主义评价体系来评价中国的发展，认为符合西方标准就行，不符合西方标准就是落后的陈旧的，就要批判、攻击，那后果不堪设想。

毫无疑问，中国不仅不需要西方的所谓"普世价值"，而且要坚持抵制和反对。当然，抵制和反对西方所谓的"普世价值"，并不是说人类社会不存在共同价值。2015 年 9 月，习近平总书记在第七十届联合国大会一般性辩论上指出，和平、发展、公平、正义、民主、自由，是全人类的共同价值，也是联合国追求的崇高目标。人类生活在同一个地球村里，越来越成为你中有我、我中有你的命运共同体，客观存在共同利益，必然要求共同价值。中国所主张的共同价值，不是要把哪一家的价值观奉为一尊，而是倡导求同存异、和而不同，充分尊重文明的多样性，尊重各国自主选择社会制度和发展道路的权利。这与唯我独尊、强施于人、旨在推行资本主义政治理念和制度模式的所谓"普世价值"有着本质的区别。

一个国家、一个民族能否抵制住西方所谓的"普世价值",归根结底在于是否拥有自己的价值观自信。价值观之争的背后是制度之争、道路之争、文化之争,实质是人心之争,必须增强主动性、掌握主动权、打好主动仗,进一步构建充分反映中国特色、民族特性、时代特征的社会主义核心价值观,坚定道路自信、理论自信、制度自信、文化自信,凝聚起推动国家发展的磅礴力量。

用核心价值观培养时代新人

人民有信仰,国家有力量,民族有希望。实现中华民族伟大复兴的中国梦,需要千千万万堪当大任的时代新人。

培养什么样人的问题是社会主义核心价值观建设的根本问题。培育和践行社会主义核心价值观,说到底是人的思想建设、灵魂建设,聚焦的是造就具有正确世界观人生观价值观的社会主义建设者。中共十九大把"培育什么样的价值观"同"培养什么样的人"更加紧密地结合起来,提出"培养担当民族复兴大任的时代新人"这一重大命题,抓住了价值观建设的根本。

如今，实现中华民族伟大复兴正处于关键时期，越是接近目标，越是形势复杂，越是任务艰巨，越是需要具有崭新风貌、过硬素质的时代新人迎难而上、挺身而出。中国共产党顺应历史大势，提出培养担当民族复兴大任的时代新人，对于引领广大人民群众特别是青年坚定信心、强化自觉、提升素质，投身民族复兴伟业具有重要而深远的意义。

时代新人之"新"，体现在有自信、尊道德、讲奉献、重实干、求进取。有自信，就是要有作为中华儿女的骄傲和自豪，作为新时代中国人的骨气和底气，爱党、爱国、爱社会主义，对"四个自信"执着坚定，对实现全面建成社会主义现代化强国、实现中华民族伟大复兴中国梦充满信心。尊道德，就是继承中华传统美德、弘扬社会主义道德，崇德向善、见贤思齐，具有善良的道德情感、正确的道德判断、自觉的道德实践。讲奉献，就是具有自觉的国家意识、民族意识、责任意识，主动担当民族复兴的历史责任，在尽责集体、服务社会、贡献国家中体现自身价值。重实干，就是坚持实践第一、知行合一、求实务实、有为善为，脚踏实地干事创业，用勤劳的双手创造美好生活。求进取，就是始终保持昂扬向上的状态姿态，富有求新求变的朝气锐气，勤于学习、勇于开拓，以新的实践创造成就民族复兴的伟大梦想。

时代新人是驱动中华民族加速迈向伟大复兴的蓬勃力量，事关党和国家前途命运。坚定的理想信念是筑牢精神的基础。近年来，中国共产党注重引导人们树立对马克思主义的信仰、对中国特色社会主义的信念、对中华民族伟大复兴中国梦的信心，引导人们听党话、跟党走；注重坚持立德树人、以文化人，培育和践行社会主义核心价值观，弘扬民族精神和时代精神，加强爱国主义、集体主义、社会主义教育；注重坚持德才兼备，引导青年在学习中增长知识、锤炼品格，在工作中增长才干、练就本领，以真才实学服务人民，在新时代新天地中创业奋斗，在创新创造中让人生闪闪发光。

国家的希望在青年，民族的未来在青年。在抗击新冠肺炎疫情的斗争中，青年一代不畏艰险、冲锋在前、舍生忘死，用臂膀扛起如山的责任，彰显了青春蓬勃的力量，展现出中华民族的希望。实践证明，用核心价值观培养的时代新人，是好样的，是能够堪当大任的。

文化的引领与重构

思想文化是时代前进的号角，最能代表一个时代的风貌，最能引领一个时代的风气。推进伟大事业、实现伟大梦想需要伟大精神，思想文化引领作用不可替代，更是大有可为。

不能在市场经济大潮中迷失方向

1942 年，毛泽东主持召开延安文艺座谈会，强调党的文艺工作者必须从根本上解决立场、态度问题，提出革命文艺为人民群众，首先是为工农兵服务的根本方向。这篇重要讲话，对后来党的文艺政策的制定和文艺工作的健康发展产生了深远影响。

72 年后，也就是 2014 年 10 月，习近平总书记在人民大会堂主持召开新时代文艺工作座谈会。在这次会议上，针对文艺界存在的种种问题，他明确指出：文艺不能在市场经济大潮中迷失方向，不能在为什么人的问题上发生偏差，否则文艺就没有生命力。这些重要论述，为新时代文艺创作指明了方向。

社会主义文艺本质上就是人民的文艺。为什么人的问题，是一个根本的问题、原则的问题。坚持为人民服务、为社会主义服务这个根本方向，是党对文艺战线提出的一项基本要求，也是决定文艺事业前途命运的关键。人民是文艺创作的源头活水，一旦离开人民，文艺就会变成无根的浮萍、无病的呻吟、无魂的躯壳。以为人民不懂得文艺，以为面向群众创作不上档次，这些观念都是不正确的。一切优秀文艺工作者的艺术生命都源于人民，一切优秀文艺创作都为了人民。因而，文艺创造者应追随人民脚步，走出方寸天地，阅尽大千世界，让自己的心永远随着人民的心而跳动，把人民的喜怒哀乐倾注在自己的作品中，立志创作出在人民中传之久远的精品力作。

忘了文艺为什么人服务，丢掉了人民立场，文艺作品就会成为市场的奴隶。改革开放以来，中国的文艺创作进入了一个前所未有的高峰时期。从产量上说，诸多数据稳居世界第一。然而，繁荣背后不乏隐忧。许多文艺工作者完全以经济效益为创作出发点，身陷拜金主义泥潭无法自拔，满身铜臭味。为了收视率，电视节目千篇一律，原创能力大大丧失，甚至一些主打猎奇、窥视隐私、以无耻为原料、拿缺点当笑料的节目大行其道。为了票房，卖座与否成为一些导演接片拍片的唯一出发点，烂片大行其道。与此同时，许多优秀作品却"叫好不叫座"。当金钱成为唯一标准，经济效益被无限放大时，艺术便渐行渐远。

衡量一部作品的好坏，社会效益应该是位居首位的指标。优秀的文艺作品，既能在思想上、艺术上取得成功，又能在市场上受到欢迎。《山海情》《觉醒年代》《长津湖》等都是既"叫好"又"叫座"的作品。有的观众在看完《长津湖》后，第一时间感谢了祖国，表示："自己深深地被震撼了。有感动的有心情复杂的有心疼的，五味杂陈。哪有什么岁月静好，只不过有人替我们负重前行罢了"；有的观众评价说，《长津湖》是"史诗般的壮丽篇章"；有的观众说："和平得来不易，那是英雄们用热血与生命换来的安宁，我们这代人要加倍珍惜"。由此可见，优秀的文艺作品，不仅能在思想上、艺术上打动人，而且能在市场上受到人们的广泛好评。

站在波澜壮阔的新时代，文艺工作者肩负着书写中华民族新史诗的使命，要创作出更多的健康向上的文艺作品，用以陶冶人们的情操、启迪民众的心智、引领社会的风尚，不负这个伟大时代。

互联网这个关必须过

互联网引领了社会生产新变革，创造了人类生活新空间，拓展了国家治理新领域，同时也给国家经济、政治、文化生活带来了很多新挑战。可以说，谁掌握了互联网，谁就把握住了时代主动权；谁轻视互联网，谁就会被时代所抛弃。

如何才能过互联网这一关？

首要的是巩固与壮大网络主流舆论阵地。习近平总书记强调，理直气壮唱响网上主旋律，巩固壮大主流思想舆论，是掌握互联网战场主动权的重中之重。因而，必须加强网上正面宣传与互联网内容建设，深入开展网上舆论斗争，团结、凝聚亿万网民，构建网上网下同心圆。互联网上，这种成功的案例也不少。人民日报"中央厨房"出品的首部闪卡H5作品《燃爆！史上最牛团队这样创业》，把中国共产党"创业史"以酷炫的快闪形式在网上呈现；新华社推出"点赞十九大，中国强起来"系列互动活动，创造了史上首个"30亿级"国民互动产品；人民网推出的"红色云展厅"，把红色馆藏文化搬到了"云端"，掀起学习红色文化的热潮。所有这些创新之作，引领了新媒体舆论场，激发了网上正能量。

其次是加大力度治理网络空间。网络空间是亿万民众共同的精神家园。网络空间天朗气清、生态良好，符合人民利益；网络空间乌烟瘴气、生态恶化，不符合人民利益。网络空间是虚拟的，但运用网络空间的主体是现实的，网络空间不是"法外之地"。近年来，中国不断提高网络综合治理能力，构建党委领导、政府管理、企业履责、社会监督、网民自律等多主体参与，经济、法律、技术等多种手段相结合的综合治网格局。随着网络治理，中国的互联网生态日渐得以净化。

再次是推动媒体融合向纵深发展。媒体融合是新时代出现的新趋势，其特点是注重统筹处理传统媒体和新兴媒体的关系，加快构建融为一体、合而为一的全媒体传播格局，从"你是你、我是我"变成"你中有我、我中有你"，进而变成"你就是我、我就是你"。近年来，中国全媒体不断发展，出现了全程媒体、全息媒体、全员媒体、全效媒体，打造出了一批具有强大影响力、竞争力的新型主流媒体，牢牢占据舆论引导、思想引领、文化传承、服务人民的传播制高点。

最后是牢牢把握互联网核心技术。互联网核心技术受制于人是最大的隐患。对互联网行业来说，企业即便规模再大、市值再高，如果核心元器件严重依赖外国，供应链的"命门"掌握在别人手里，那就好比在别人的墙基上砌房子，再大再漂亮也可能经不起风雨，甚至会不堪一击。新时代以来，中国互联网在一些关键技术领域取得了重要突破，在某些方面初步构筑起了优势，但也有不少短板和软肋。中兴被禁、华为告急，在中美经贸摩擦中，美国直刺的正是中国"缺芯"软肋。解决"卡脖子"问题，需要进入"深水区"，勇闯"无人区"，掌握"杀手锏"技术、前沿技术、颠覆性技术，实现"弯道超车"。

当今正在经历的信息革命，给人类生产生活带来巨大而深刻的影响。只有因势而谋、应势而动、顺势而为，也只有加强自主创新、推进网络强国建设，才能确保党和国家长治久安。

构建中国的话语体系

落后就要挨打，贫穷就要挨饿，失语就要挨骂。形象地说，长期以来中国共产党带领人民就是要不断解决"挨打""挨饿""挨骂"这三大问题。习近平总书记指出：经过几代人不懈奋斗，前两个问题基本得到解决，但"挨骂"问题还没有得到根本解决。

近些年来，中国积极参与国际传媒市场竞争，取得了重要成果，国际上理性客观看待中国的人越来越多，为中国点赞的人也越来越多。同时也要看到，中国在世界上的形象很大程度上仍是"他塑"而非"自塑"，在国际上有时还处于有理说不出、说了传不开的被动境地，存在着信息流进流出的"逆差"、中国真实形象和西方主观印象的"反差"、软实力和硬实力的"落差"，"挨骂"现象还大量存在。

客观地讲，国际舆论格局依然是西强我弱，但这个格局不是不可改变、不可扭转的。

那么，我们应该怎么办？

一方面，得从加强国际传播能力建设入手。传播力决定一个国家的影响力。这就需要优化战略布局，集中优势资源，打造具有强大国际影响的对外宣传的旗舰媒体。近年来，中国国际电视台启用 CGTN 融媒中心，推动各频道进入国外主流运营商平台，是提升中国国际传播力的一次成功尝试。同时，重视公共外交，用好高端智库交流渠道，引导外界以客观、历史、多维的眼光观察多彩的中国；提高对外文化交流水平，完善人文交流机制，创新人文交流方式，用好多种文化形式，综合运用大众传播、群体传播、人际传播等多种方式展示中华文化魅力。

另一方面，构建中国对外话语权。话语权决定一个国家在国际上的主动权。国际话语权是国家文化软实力的重要组成部分。中国在国际上有理说不清的一个重要原因，是对外传播话语体系没有完全建立起来，在很多场合还是人云亦云，甚至存在舍己芸人现象。习近平总书记强调，必须增强底气、鼓起士气，坚持不懈讲好中国故事，形成同中国综合国力相适应的国际话语权。构建话语权，必须用中国理论阐释中国实践，用中国实践升华中国理论，更加鲜明地展现中国思想，更加响亮地阐明中国主张，增强对外话语的创造力、感召力、公信力。

当然，要让世界读懂中国、了解中国，光靠新闻发布、官方介绍是远远不够的，靠外国民众来中国亲自了解、亲身感受是很有限的，还需要上上下下都成为讲述

中国故事、传播中国形象的主体力量。只有这样，中国
的对外话语权才能逐步提升，中国的影响力、软实力才
能日益强大。

第 7 章
全面小康社会在中国建成

中国人对"小康"的渴望与梦想，延续了几千年。在中国共产党的领导下，中国人民才真正奔向"小康"。进入新时代后，中国共产党是如何带领人民摆脱困扰中国人几千年的贫穷的？又是怎样在中华大地上全面建成小康社会的？

　　小康社会，是中国人祖祖辈辈所追求的伟大梦想，表达了中国人民对美好生活的向往。这样的千年梦想，终于在今天的中国变成了现实。在庆祝中国共产党成立一百周年大会上，习近平总书记庄严宣布，经过全党全国各族人民持续奋斗，中国实现了第一个百年奋斗目标，在中华大地上全面建成了小康社会，历史性地解决了绝对贫困问题。对于中华民族来说，这是一个极富有历史意义的伟大时刻。

中国人的千年"小康"之梦

　　众所周知，"小康"是中国古代思想史上的一个概念，在《辞海》中"小康"的含义有两层：一是指经济比较宽裕；二是指儒家所说的比"大同"社会低一些的社会。"小康"一词是具有中国特色、中国气派的词汇，小康是中国普通百姓千百年来孜孜以求的一种理想社会。

中国古代的"小康"理想

　　在中国历史上，小康是人民的千年期盼。"小康"作为一个完整的概念最早出现在《诗经·大雅·民劳》中的"民亦劳止，汔可小康"，意思是说，人民过着贫困劳累的生活，内心中十分渴望能过上平静安逸的生活。此时，小康只是被表达为一种理想的生活状态。而赋予"小康"新思想的是对中国思想文化影响最深的儒家文化。西汉时期，在《礼记·礼运》中"小康"被描述成为一种比"大同"低一些的理想社会，此书勾画了这两种理想社会。

在古代思想家眼里，"大同"是指"大道之行也，天下为公"，主要体现一种公正、平等的理想社会，在《礼记·礼运》中就有以下描述"大道之行也，天下为公，……是故谋闭而不兴，盗窃乱贼而不作，故外户而不闭，是谓大同"。而"小康"社会则是指"天下为家"的现实社会，在《礼记·礼运》是这样描写的"今大道既隐，天下为家。……以睦兄弟，以和夫妇，以设制度，以立田里，以贤勇知，以功为己。……如此者，在氛者去，众以为殃。是谓小康。"

由此可见，先哲们虽然认同"大同"这种理想生活，但是这种生活毕竟发生在尧舜时期，类似于原始的共产主义社会，可以财产共有，没有私有制，人们可以各尽所能，各取所需。此时的人类毕竟处于原始社会，生产力、生产资料等都处于低级阶段，随着社会发展贫富分化，生产资料私有制，社会形态也由原始社会进入到了奴隶社会，从而人们的想法、观点发生了改变。原始的民主制度被废除，变为世袭制，人们有了自己的私有财产，为了保护自己的土地和其私有财产，人们开始制定法律，约束道德，但还是会有战争爆发，所以"大同"只能是对美好理想的憧憬，在现实社会的人们开始追求更多的是"小康"。因此，孔子认为大同虽好但却难以企及，所以作为现实可行的目标，人们应该争取的是小康。

作为儒家的传承者，孟子更加完善了小康的内涵，在思考变革时期什么样的秩序才更合理时，他提出了"仁政""王道"的小康思想，"若民，则无恒产，因无恒心。……今也制民之产，仰不足以事父母，俯不足以畜妻子；……此惟救死而恐不赡，奚暇治礼义哉？"由此看可以看出孟子对小康社会的描绘除了保留社会相对安定的含义之外，开始更多涉及经济方面的内涵，特别是小农经济。小康成为从贫穷到温饱，虽然不是富裕，但相对来说已经不算困难，可以安逸地过生活的状态。

战国后期的荀子提出"隆礼至法"的小康理想社会模式，其主要表达的是社会需要礼和法相结合。随着历史的迁移，人们对小康的理解开始不同。西汉时期，董仲舒提出了"罢黜百家，独尊儒术"之后，由于儒学地位的上升，被儒家所推崇的小康思想也成为对中国古代影响最为深远的理想社会模式。但道家的老子却描述了一种"不尚贤，使民不争；不贵难得之货，使民不为盗；不见可欲，使民心不乱。……民至老死，不相往来"的景象，这主要是当时春秋战乱所带来的悲观情绪所造成的，这就成为一部分人对小康社会产生贬义的原因。

"大同"社会的构想

到了近代，儒家的"小康社会"被资产阶级改良派思想家康有为重新提倡，他推行的维新变法是以儒家今文经学为依据，希望争取君主立宪，但是戊戌变法最终以失败告终。变法失败后，康有为周游世界受到西方空想社会主义影响，在他 1902 年写作的《大同书》中描绘了一个"升平者，小康也"的社会构想。康有为认为应该结束 2000 多年的封建专制制度建立现代资本主义，他认为未来必然是由"小康"进入"大同"的社会。这个"大同"社会，人们安享居住之乐、饮食之乐、衣服之乐，展现出了一幅美好、富足、和谐未来社会愿景。

这些未来社会的天才构想，表达了中国人一贯追求幸福生活的美好愿望。正如梁启超所说"而其理想与今世所谓世界主义、社会主义者多合符契"。但如何实现大同，康有为通过推动戊戌变法进行了尝试，后却极力反对民主共和，堕落为保皇派首领，由历史的推动者变成了历史的阻碍者。

在中国传统社会，人们关于"小康"社会的很多想法都过于理想化，缺乏必要的社会根基，与当时的时代背景格格不入，在漫长的阶级压迫和阶级剥削社会，"小康"社会这一期盼只能是一种梦想和奢望。

然而，不论什么时代，广大百姓追求的愿望都是很朴素的，他们需要的是衣食无忧、美好幸福的生活。所以，无论时代是如何发展更替，"小康""小康之家""小康生活"等词语早已深深扎根于人们的心中。历史的沉积带给小康理论深厚的历史积淀和文化根基，即使随着历史长河的流淌，这种梦想从未改变。

中国共产党成立后，肩负起民族独立、人民解放和国家富强、人民幸福的历史使命。新中国的成立和社会主义制度建立，为小康社会的实现奠定了根本政治前提和制度基础。

走上"小康社会"的康庄大道

小康社会实质上是一个生产力不断发展，综合国力不断增强，社会全面进步的过程，是中国社会主义现代化进程中的一个重要阶段。进入改革开放和社会主义现代化建设新时期，中国共产党正式提出小康社会的战略构想，并在社会主义现代化建设实践中不断推动，社会主义中国从此走上"小康"的康庄大道。

小康社会的战略构想

改革开放后，邓小平在清醒地认识到中国经济发展程度以及人民生活水平的基础上，对中国社会的发展道路有了一个更清晰的认识，他创造性地将中国传统思想中的"小康"与中国社会主义现代化建设结合在一起，在实现现代化的道路中提出了小康社会的构想，其后又在中国特色社会主义建设过程中一步步发展完善，使小康社会从一种初步的设想上升为党和国家的发展战略。

1978 年年底，中共十一届三中全会恢复了实事求是的思想路线，把党的工作重心由阶级斗争转移到社会主义经济建设上来。邓小平深刻反思在新中国成立以来社会主义现代化建设中的"左"的错误，认为要想发展中国，必须尊重历史发展的客观规律，总结经验与教训，稳中求进。1979 年 12 月，邓小平在会见日本首相大平正芳时，率先提出了"小康"这一概念，并用这一概念来描述中国式现代化建设所要达到的目标水平。同年，邓小平在会见新加坡政府代表团时又重申这一设想。

按照邓小平的这一设想，1982 年召开的中共十二大正式确定了分两步走、到 20 世纪末实现全国工农业生产总值翻两番的小康目标和具体实施步骤。为实现这个奋斗目标，中国共产党在战略部署上分两步走：前 10 年主要是打好基础，积蓄力量，创造条件，后 10 年要进入一个新的经济振兴时期。这是第一次以党的代表大会的形式提出"小康"，将小康社会的构想作为正式表述写进党的代表大会报告。

中共十二大以后，邓小平又在不同场合对小康社会进行了更详细的阐述。邓小平不仅提出了"小康社会"的新概念，而且还借助社会生活中的典型事例，形象而具体地描绘了"小康社会"各方面应当呈现的面貌和状态。1983 年 3 月，邓小平在与中央的几位负责同志的谈话中，以苏州为例，谈到了人均接近 800 美元后，社会是一个什么状况的问题：第一，人民的吃穿用问题解决了，基本生活有了保障；第二，住房问题解决了，人均达到 20 平方米；第三，就业问题解决了，城镇基本上没有待业劳动力了；第四，人不再外流了，农村的人总想往大城市跑的情况已经改变；第五，中小学教育普及了，教育、文化体育和其他公共福利事业有能力自己安排了；第六，人们的精神面貌变化了，犯罪行为大大减少。

此后，邓小平在接见国外政要和华人华侨时，对中国的小康社会进行了更宏伟的设计。1987 年 4 月，邓小平在同西班牙政府副首相格拉会谈时，第一次比较完整地概括了从新中国成立到 21 世纪中叶 100 年间，中华民族百年图强的"三步走"发展战略。他说，我们原定的目标是，第一步在 80 年代翻一番。以 1980 年为基数，当时国民生产总值人均只有 250 美元，翻一番，达到 500 美元。第二步是到本世纪末，再翻一番，人均达到 1000 美元。实现这个目标意味着我们进入小康社会，把贫困的中国变成小康的中国。那时国民生产总值超过万亿美元，虽然人均数还很低，但是国家的力量有很大增加。我们制定的目标更重要的还是第三步，在下世纪用 30 年到 50 年再翻两番，大体上达到人均 4000 美元。做到这一步，中国就达到中等发达的水平。这是我们的雄心壮志。

邓小平的"三步走"战略设想，后来被中共十三大所采纳，并明确提出"三步走"的发展战略。随着第一步战略目标的提前实现，1990 年召开的中共十三届七中全会决定把"人民生活从温饱达到小康，生活资料更加丰裕，消费结构趋于合理，居住条件明显改善，文化生活进一步丰富，健康水平继续提高，社会服务设施不断完善"作为中国整个 20 世纪 90 年代奋斗的主题。

"奔小康"到"总体小康"

20 世纪 90 年代以后，党中央根据邓小平提出的"三步走"发展战略，在基本解决温饱问题、实现第一步战略目标的基础上，作出了"奔小康"的战略决策，在神州大地掀起了奔小康的热潮。

1990年12月召开的中共十三届七中全会通过了《中共中央关于制定国民经济和社会发展十年规划和"八五"计划的建议》，对下一阶段中国的小康社会建设提出了新的要求。文中指出，到2000年，已实现小康的少数地区进一步提高生活水平，温饱问题基本解决的多数地区普遍实现小康，现在尚未摆脱贫困的少数地区在温饱的基础上向小康前进。这实际上为20世纪90年代的小康建设工作设定了目标，吹响了全面"奔小康"的号角。

在党的正确领导下，20世纪90年代中国的小康社会建设取得显著成绩。1995年，中国提前五年实现了国民生产总值翻两番的目标。因此，1995年召开的中共十四届五中全会决定把"基本消除贫困现象，人民生活达到小康"作为"九五"时期中国的主要奋斗目标。1997年，中国提前实现了人均国民生产总值翻两番的目标。

中国小康社会建设超预期的成绩，给了中国共产党和中国人民极大的鼓舞。1997年召开的中共十五大在十三大提出的"三步走"战略基础上，又提出了一个新的"三步走"战略：第一步，21世纪第一个十年实现国民生产总值比2000年翻一番，使人民的小康生活更加宽裕，形成比较完善的社会主义市场经济体制；第二步，再经过十年的努力，到建党 100 周年时，使国民经济更加发展，各项制度更加完善；第三步，到 21 世纪中叶建国 100 周年时，基本实现现代化，建成富强民主文明的社会主义国家。这是实现社会主义现代化建设第三步战略目标必经的承上启下的发展阶段，也是小康社会建设的关键阶段。

从中国经济和社会发展的量化评估看，1997 年中国人均 GDP 为 860 美元，开始跨入世界下中等收入国家的门槛。这正是小康社会的历史起点。中国经济的迅速发展，也有力地推动了科技、教育、文化、卫生、体育等社会事业的全面发展，促进了城乡居民生活质量和档次逐步改善。

经过 20 世纪 90 年代的奋斗，中国人民生活总体上达到了小康水平，中国人民的面貌发生了深刻变化。中国人民的经济水平和精神生活已达到小康标准，生活水平和生活质量大大改善，受教育程度逐步提高，文化事业蓬勃发展，卫生保健条件有了很大改善，可自由支配的闲暇时间日益增多。这是中华民族发展史上又一个新的重大里程碑。

总体小康到全面建设小康

2000 年是世纪之交的一年，建立小康社会、实现现代化建设的第二步战略目标已成定局。在这种情况下，中国共产党提出"全面建设小康社会"的历史任务。

2002年下半年，中国共产党迎来了第十六次全国代表大会。这次大会正式提出"全面建设小康社会"的奋斗目标，并对第二步目标加以细化，强调要在本世纪头二十年，集中力量，全面建设惠及十几亿人口的更高水平的小康社会，使经济更加发展、民主更加健全、科教更加进步、文化更加繁荣、社会更加和谐、人民生活更加殷实。这不仅是实现现代化建设第三步战略目标必经的承上启下的发展阶段，更是完善社会主义市场经济体制和扩大对外开放的关键阶段。经过这个阶段的建设，再继续奋斗几十年，到本世纪中叶基本实现现代化，把中国建成富强民主文明的社会主义国家。

"全面建设小康社会"的概念和提法，后来也被中共十七大进一步坚持和使用。为什么要提出"全面建设小康社会"这个奋斗目标呢？这是因为尽管"总体小康"已经实现，但平均水平的提高并不意味着总体内不存在较大差距，并不意味着总体发展平衡，因此现在达到的小康还是低水平的、不全面的、发展很不平衡的小康。其中，总体小康是低水平的，是指刚刚进入小康的门槛。具体表现在：一是人均GDP还不高，只达到800美元，相当于世界下中等收入国家的下限；二是还有四分之一的人口达不到小康水平。总体小康是发展很不平衡的。这种不平衡表现在：城市与农村之间、东部与西部之间、不同收入阶层之间，经济发展和生活水平存在巨大差距，而且这种差距目前还有扩大的趋势。

中国共产党提出的全面小康，是在总体小康的基础上"全面建设惠及十几亿人口的更高水平的小康社会，使经济更加发展、民主更加健全、科教更加进步、文化更加繁荣、社会更加和谐、人民生活更加殷实"。它意味着每一个人都要达到小康，尽管其中还有差别，但都必须达到相应的最底限值。

2002 年至 2012 年的十年，中国改革开放和现代化建设事业取得重大成就，为全面建成小康社会打下了坚实基础。这个时期，中国经济总量从世界第六位跃升到第二位，社会生产力、经济实力、科技实力迈上一个大台阶，人民生活水平、居民收入水平、社会保障水平迈上一个大台阶，综合国力、国际竞争力、国际影响力迈上一个大台阶，中国人民的面貌、中国社会的面貌、国家的面貌发生了翻天覆地的变化。

全面建设到全面建成小康社会

全面建设小康社会十年取得不俗的成就，新"三步走"的第一步已经实现,下一步的主要任务就是全面建成小康社会,使广大人民群众真正共享发展的成果,过上更加富足的美好生活。

全面建成小康社会的新蓝图

进入 21 世纪第二个十年,中共十八大从国际国内新的实际出发,特别是从抓住重要战略机遇期的高度,总结了十六大以来全面建设小康社会取得的成就,充分考虑了广大人民群众的新期待,深刻分析了国内外形势的新变化、全面建成小康社会面临的新情况新问题,正式提出到 2020 年全面建成小康社会的新目标。

概括起来看,这些目标主要体现在五个层面。

一是经济层面。在发展平衡性、协调性、可持续性明显增强的基础上,中国共产党提出,到 2020 年实现国内生产总值和城乡居民人均收入比 2010 年翻一番。科技进步对经济增长的贡献率大幅上升,进入创新型国家行列。工业化基本实现,信息化水平大幅提升,城镇化质量明显提高,农业现代化和社会主义新农村建设成效显著,区域协调发展机制基本形成。对外开放水平进一步提高,国际竞争力明显增强。

二是政治层面。在实现人民民主的基础上,推动民主制度更加细化、更加完备,民主形式更加丰富,民主渠道更加多元，极大地发挥广大人民的积极性、主动性、创造性。同时，全面落实依法治国基本方略，基本建成法治政府，不断提高司法公信力，切实尊重和保障人权。

三是文化层面。注重增强文化软实力，推动社会主义核心价值观深入人心，公民文明素质和社会文明程度明显提高。文化产品更加丰富，公共文化服务体系基本建成，文化产业成为国民经济支柱性产业，中华文化走出去迈出更大步伐，社会主义文化强国建设基础更加坚实。

四是社会层面。全面提高人民生活水平，基本公共服务均等化总体实现。全民受教育程度和创新人才培养水平明显提高，进入人才强国和人力资源强国行列，教育现代化基本实现。确保就业更加充分，收入分配差距缩小，中等收入群体持续扩大，扶贫对象大幅减少。社会保障全民覆盖，人人享有基本医疗卫生服务，住房保障体系基本形成，社会和谐稳定。

五是生态层面。推动资源节约型、环境友好型社会建设，形成主体功能区布局，推动资源循环利用体系初步建立。单位国内生产总值能源消耗和二氧化碳排放大幅下降，主要污染物排放总量显著减少。森林覆盖率提高，生态系统稳定性增强，人居环境明显改善。

这些目标充分显示，从"全面建设小康社会"到

"全面建成小康社会"，虽然只有一字之差，但是它们的内涵却有很大的不同，表明了中国经济社会发展步入了新的历史阶段。

决胜全面建成小康社会

进入新时代，面对世界经济复苏乏力、局部冲突和动荡频发、全球性问题加剧的外部环境，面对中国经济发展进入新常态等深刻变化，2012 年至 2017 年这五年间，中国共产党和中国政府坚持稳中求进工作总基调，扭住全面建成小康社会的总目标，迎难而上，开拓进取，推动中国特色社会主义伟大事业取得历史性成就。

经济建设成绩可圈可点。这一时期，中国经济保持中高速增长，在世界主要国家中名列前茅，国内生产总值从 54 万亿元增长到 80 万亿元，稳居世界第二，对世界经济增长贡献率超过 30%。

民主法治建设迈出新步伐。这一时期，中国积极发展社会主义民主政治，推进全面依法治国，党的领导、人民当家作主、依法治国有机统一的制度建设全面加强，党的领导体制机制不断完善，社会主义民主不断发展，党内民主更加广泛，社会主义协商民主全面展开，等等。

思想文化建设呈现新气象。这一时期，中国共产党加强对意识形态工作的领导，党的理论创新全面推进，

马克思主义在意识形态领域的指导地位更加鲜明，中国
特色社会主义和中国梦深入人心，社会主义核心价值观
和中华优秀传统文化广泛弘扬，群众性精神文明创建活
动扎实开展，文化自信得到彰显，国家文化软实力和中
华文化影响力大幅提升。

人民生活持续改善。这一时期，先后一大批惠民举
措落地实施，人民获得感显著增强；教育事业全面发展，
就业状况持续改善，中等收入群体持续扩大，覆盖城乡
居民的社会保障体系基本建立，人民健康和医疗卫生水
平大幅提高，保障性住房建设稳步推进。

生态文明建设成效显著。这一时期，全国上下深入
贯彻绿色发展理念，忽视生态环境保护的状况明显改变；
生态环境治理明显加强，环境状况得到改善。引导应对
气候变化国际合作，成为全球生态文明建设的重要参与
者、贡献者、引领者。

全面建成小康社会取得的历史性成就，坚定了全
党和全国人民如期实现第一个百年目标的信心。在中共
十九大上，党中央向全党和全国人民宣告，从 2017 年到
2020 年，是全面建成小康社会的决胜期。同时，党中央
还对第二个百年奋斗目标作出战略部署，综合分析国际
国内形势和中国发展条件，提出从 2020 年到本世纪中叶
可以分两个阶段来安排。第一个阶段，从 2020 年到 2035

年，在全面建成小康社会的基础上，基本实现社会主义现代化；第二个阶段，再奋斗十五年，到 2050 年，把中国建成富强民主文明和谐美丽的社会主义现代化强国。

从全面建成小康社会提出到决胜全面建成小康社会，再到基本实现现代化，直至全面建成社会主义现代化强国，是新时代中国特色社会主义发展的宏伟蓝图。从蓝图描绘到变成现实，需要每一个人脚踏实地加油干。只有以不负韶华、只争朝夕的拼搏精神，才能打好、打赢全面建成小康社会的总决战。

历史性地摆脱贫困

消除贫困、改善民生、实现共同富裕，是社会主义的本质要求，也是全面建成小康社会的标志性指标，是中国共产党对中国人民作出的庄严承诺。改革开放以来，经过全国范围有计划有组织的大规模开发式扶贫，中国的贫困人口大量减少，贫困地区面貌显著变化。进入新时代，习近平总书记把脱贫攻坚摆在治国理政突出位置，提出"精准扶贫"等新理念，作出打赢脱贫攻坚战等一系列重大部署和战略安排，谱写了人类反贫困历史的新篇章，为全面建成小康社会夯实了根基。

精准扶贫而不是大水漫灌

小康社会最基本的要求是全体人民群众共同实现生活富足，但是2012年年底，中国依然还有9899万贫困人口，这是全面建成小康社会的最大短板。

形势逼人，形势不等人。2013年11月，习近平总书记来到湘西土家族苗族自治州花垣县排碧乡十八洞村，同村干部和村民代表围坐在一起，同他们亲切地拉家常、话发展。习近平总书记表示，扶贫要实事求是，因地制宜，要精准扶贫，切忌喊口号，也不要定好高骛远的目标。在这里，习近平总书记首次提出了"精准扶贫"的理念。此后，"精准扶贫"这个时代标语，从十八洞村传遍了全国，掀开了扶贫工作的新一页。

"精准扶贫"理念提出后不久，2014年1月，中央办公厅、国务院办公厅印发《关于创新机制扎实推进农村扶贫开发工作的意见》（以下简称《意见》），第一次明确提出建立精准扶贫的工作机制：国家制定统一的扶贫对象识别办法。各省（自治区、直辖市）在已有工作基础上，坚持扶贫开发和农村最低生活保障制度有效衔接，按照县为单位、规模控制、分级负责、精准识别、动态管理的原则，对每个贫困村、贫困户建档立卡，建设全国扶贫信息网络系统。专项扶贫措施要与贫困识别结果相衔接，深入分析致贫原因，逐村逐户制定帮扶措施，集中力量予以扶持，切实做到扶真贫、真扶贫，确保在规定时间内达到稳定脱贫目标。《意见》为开展精准扶贫工作提供了具体指导和遵循。

随后，从中央到地方各部门采取了一系列行之有效的措施，推动精准扶贫工作有序开展起来。

完善贫困地区基础设施和公共服务。这一时期，中国共产党和中国政府加快集中连片特困地区国家高速公路、普通国省道、农村公路、农村客运站点和"溜索改桥"的建设步伐，确保大部分的乡镇和建制村铺设硬化路、通班车；实施无电地区电网延伸和可再生能源供电工程，加大对贫困地区农村电力建设的投资支持力度，全国无电人口用电问题得到全面解决；实现100%的行政村通电话、100%的乡镇通宽带，有效提高贫困地区的宽带网络普及率；提高贫困地区危房改造工程补助标准，帮助贫困农户解决最基本住房安全，推进贫困地区农村垃圾治理，改善居住环境。

扶持贫困地区特色产业。这一时期，中国共产党和中国政府把发展特色农牧业作为农业扶贫重点工作，对各集中连片特困地区特色农林牧业进行科学布局；加大财政扶持与支持力度，向连片特困地区投入农业、林业基本建设资金和财政专项资金，通过政策支持，贫困地区一二三产业融合发展加快，贫困户分享到了农业全产业链和价值链的增值收益。

实施贫困地区易地搬迁。这一时期，中国共产党和中国政府加快对居住在生存条件恶劣、生态环境脆弱、自然灾害频发等地区的农村贫困人口易地扶贫搬迁进度。同时，完善搬迁后续扶持政策，确保搬迁对象有业可就、稳定脱贫，做到搬得出、稳得住、能致富。

推进贫困地区生态保护。这一时期，中国共产党和中国政府实施天然林资源保护、退耕还林、退牧还草、风沙源治理、生物多样性保护等重大生态工程，建立贫困地区的生态补偿机制，切实改善贫困人口生活条件。

加大贫困地区教育脱贫力度。这一时期，中国共产党和中国政府改造贫困地区义务教育薄弱学校，对连片特困地区乡村教师发放生活补助，改善边远艰苦地区农村学校教师生活条件；发放支持中等职业学校免学费补助，对家庭经济困难学生发放国家助学金，实施面向贫困地区定向招生专项计划。

贫困地区医疗保障脱贫全面落实。这一时期，中国共产党和中国政府逐步完善新型农村合作医疗制度，提高新农合人均补助标准，全面实施城乡居民大病保险，报销比例不低于50%。

加强贫困地区就业创业服务。这一时期，中国共产党和中国政府组织实施农民工职业技能提升计划即"春潮行动"，面向农村贫困劳动力开展就业技能培训、岗位技能提升培训和创业培训，并落实培训补贴政策，推进农村富余劳动力进城务工和稳定转移。

经过 5 年的持续努力，中国的精准扶贫工作取得预期的成效。截至 2017 年年末，全国农村贫困人口减少至 3046 万人，贫困发生率下降至 3.1%。与此同时，贫困地区农村居民收入加快增长。全国农村贫困监测调查显示，2017 年，贫困地区农村居民人均可支配收入 9377 元，比上年增加 894 元，名义增长 10.5%，扣除价格因素，实际增长 9.1%，比全国农村平均水平高 1.8 个百分点，贫困群众生活水平明显提高，贫困地区面貌明显改善。

打赢脱贫攻坚战

尽管脱贫攻坚取得了巨大成就，但仍然面临一些严峻困难和亟待解决的问题。从脱贫攻坚任务看，截至 2017 年年底，中国全国农村贫困人口还有 3046 万人，贫困发生率仍在 3% 以上。从 2017 年到 2020 年这三年，要实现脱贫 3000 多万人，平均每年 1000 多万人，压力不小，难度不小。这个压力和挑战主要是深度贫困地区脱贫攻坚任务艰巨。同时，建档立卡贫困人口中，因病、因残致贫比例居高不下，分别超过 40% 和 14%，缺劳力、缺技术的比例分别占到 32.7% 和 31.1%，65 岁以上老人占比超过 16%，这些人群的比例越往后将会越高，是贫中之贫、艰中之艰。这些都是扶贫工作中最难啃的骨头。

针对这些困难与问题，2017 年中共十九大对打好脱贫攻坚战作出总体部署，明确三年攻坚战的时间表和路线图，吹响"打好脱贫攻坚战"的号角。

随后，中国共产党和中国政府对攻坚战进行具体安排，把提高脱贫质量放在首位，稳定实现贫困人口"两不愁三保障"，确保贫困地区基本公共服务领域主要指标接近全国平均水平，全面打响脱贫攻坚战。

一是健全中央统筹、省负总责、市县抓落实的管理体制。中央统筹，就是要做好顶层设计，主要是管两头，一头是在政策、资金等方面为地方创造条件，另一头是加强脱贫效果监管。省负总责，就是要做到承上启下，把党中央大政方针转化为实施方案，加强指导和督导，促进工作落地。市县抓落实，就是要因地制宜，从当地实际出发，推动脱贫攻坚各项政策措施落地生根。同时改进第三方评估方式，缩小范围，简化程序，主要评估"两不愁三保障"实现情况；对贫困县退出的专项评估检查，交由省里组织，中央结合督查巡查进行抽查，确保退出真实性。

二是扶贫工作在精准上继续下功夫。建档立卡重点是加强数据共享和数据分析，为宏观决策和工作指导提供支撑。深入推进精准施策，按照因地制宜、因村因户因人施策的要求，做好精准扶贫重点工作，尤其做好产业扶贫和易地扶贫搬迁。培育和发展农业产业，实现产业增收，防止急功近利。需要搬迁的应搬尽搬，同步搬迁的逐步实施；结合实施乡村振兴战略，通过实施生态搬迁和有助于稳定脱贫、逐步致富的其他搬迁，继续稳步推进。

三是完善扶贫专项资金管理制度。扶贫资金量大、面广、点多、线长，监管难度大，社会各方面关注度高。为此，需要加强资金整合，理顺涉农资金管理体系，确保整合资金围绕脱贫攻坚项目精准使用，提高使用效率和效益；建立县级脱贫攻坚项目库，加强项目论证和储备，防止资金闲置和损失浪费；健全公告公示制度，省、市、县扶贫资金分配结果一律公开，乡、村两级扶贫项目安排和资金使用情况一律公告公示，接受群众和社会监督；加大惩治力度，对扶贫领域腐败问题零容忍。

四是激发贫困人口的内生动力。贫困群众既是脱贫攻坚的对象，更是脱贫致富的主体。为此，必须注重加强扶贫同扶志、扶智相结合，激发贫困群众积极性和主动性，激励和引导他们靠自己的努力改变命运，使脱贫具有可持续的内生动力；改进帮扶方式，多采取以工代赈、生产奖补、劳务补助等方式，组织动员贫困群众参与帮扶项目实施，提倡多劳多得，不要包办代替和简单发钱发物；加强教育引导，通过常态化宣讲和物质奖励、精神鼓励等形式，促进群众比学赶超，提振精气神。

中国的三年脱贫攻坚，措施之实、力度之大、规模之广、影响之深，都是前所未有的，取得的成效与进展具有决定性意义。截至 2020 年年末，中国现行标准下农村贫困人口全部脱贫，贫困发生率下降至 0.6% 以下。全国832 个贫困县已全部脱贫摘帽，区域性整体贫困基本得到解决，"三区三州"深度贫困地区贫困发生率降至 2% 以下。到 2020 年，建档立卡贫困人口人均纯收入增加到近1 万元。贫困农村的老百姓生活有了质的飞跃，脱贫攻坚战取得最终胜利，全面建成小康社会迎来历史性时刻。

千年梦想照进现实

在陕西延安有一个叫梁家河的小村庄，习近平总书记青少年时期曾来到这里插队，度过了七年知青岁月。习近平总书记曾经动情地回忆，那时候他和乡亲们都住在土窑里、睡在土炕上，生活十分贫困，经常是几个月吃不到一块肉。他很期盼的一件事，就是让乡亲们饱餐一顿肉，并且经常吃上肉。然而，这样一个看似平常的心愿在当时是很难实现的。

现如今，梁家河修起了柏油路，乡亲们住上了砖瓦房、用上了互联网，老人们享有基本养老服务，村民们拥有医疗保险，孩子们可以接受良好教育，当然吃肉更不成问题了。小村庄的大变化，反映了中国共产党带领人民推进改革开放和社会主义现代化建设的历史性进步，是全面建成小康社会的生动缩影。

全面建成小康社会，是中国共产党向人民、向历史作出的庄严承诺，是全体中国人民的共同期盼。经过40余年尤其是十八大以来的持续努力，中国实现了第一个百年奋斗目标，在中华大地上全面建成了小康社会，历史性地解决了绝对贫困问题。

中国城镇居民收入水平和生活质量发生了历史性变化。据统计，2020年，中国家庭年均收入10万至50万元的中等收入群体早已超过4亿多，成为拥有全球最大规模的中等收入群体的国家。居民收入的快速增长，推动了中国消费规模持续扩大和消费结构的升级。

随着收入水平的大幅提升，中国居民消费结构不断优化，家电全面普及，每百户家用汽车拥有量近36辆，这反映了中国居民生活质量的升级。中国居民旅游人次激增，旅游经济稳步增长。据统计，2015年至2019年，中国国内旅游人数累计超过249.8亿人次，出境旅游人数合计超过 7.8 亿人次；接待入境旅游人数 8.3 亿人次，实现国际旅游收入 7208.3 亿美元。

伴随国家综合国力和财政实力的大幅增长，中国加快构建起世界上规模最大的多层次社会保障体系，建立起覆盖全民的住房、教育、医疗等基本公共服务体系。可以说，中国在幼有所育、学有所教、劳有所得、病有所医、老有所养、住有所居、弱有所扶上取得历史性进展，中国人民在共建共享发展成果中有了前所未有的获得感。

对于全面建成小康社会而言，发展是硬道理，稳定也是硬道理。中国人民不仅在经济上、物质上、社会保障上有了历史性的跃升，而且享有超稳定的安全环境。同世界上一些国家频现政治动荡、政权更迭、经济波动、社会分裂、暴力蔓延、枪击不断、疫情蔓延等现象不同，中国这边风景独好，社会大局保持长期稳定，成为世界上最有安全感的国家之一，到处呈现一派政治稳定、经济发展、文化繁荣、民族团结、人民幸福、社会安宁的景象。

从世界范围来看，一个国家和社会在一定时期内经济快速发展、社会保持稳定并不少见，但像中国这样在长时间跨度内经济快速发展、社会保持稳定的情况则世所罕见。

历史总是眷顾坚持不懈的奋斗者。中国人民心怀民族伟大复兴的夙愿已持续了 180 多年，漫长的奋斗历程既经历了曲折又充满着希望。作为党领导人民砥砺奋进的阶段性目标，全面建成小康社会是建设社会主义现代化强国的重要一步，在中华民族伟大复兴征程中具有里程碑意义。

第8章
美丽中国正在变为现实

生态环境是我们赖以生存的前提，关系到中华民族的永续发展。进入新时代后，中国人的生态环保理念发生了怎样的深刻变化？中国共产党和中国政府是如何扭转日益严峻的生态环境危机的？江山如画离我们还遥远吗？

　　良好生态环境是最公平的公共产品，是最普惠的民生福祉，也是关系中华民族永续发展的根本大计。进入新时代以来，在习近平生态文明思想的引领下，中国共产党和中国政府把生态文明建设摆在全局工作的突出位置，全面加强生态文明建设，一体治理山水林田湖草沙，决心之大、力度之大、成效之大前所未有。一个人与自然和谐共生、江山如画的美丽中国，日益呈现在世人面前。

环保理念的深刻转变

　　过去的数十年里，中国在推动经济高速发展的同时，也意识到生态环境保护的重要性。但是，一个不容忽视的事实是，中国的资源环境约束趋紧、生态系统退化等问题非常突出，特别是环境污染、生态破坏呈现出高发态势。

　　如果不抓紧扭转生态环境恶化趋势，中国必将付出极其沉重的代价。因而，转变生产和生活方式，确立新的发展理念，已到了刻不容缓的地步。

人与自然是生命共同体

自然孕育了无数的生命，是人类赖以生存和发展的根基。广袤的草原、肥沃的土地、渔产丰富的江河湖海等，不仅给人类提供了生活资料来源，而且给人类提供了生产资料来源。自然是慷慨的，人类要善待自然，按照大自然规律活动，取之有时，用之有度，自然就会馈赠人类。

正如《孟子·梁惠王上》中所说："不违农时，谷不可胜食也；数罟不入洿池，鱼鳖不可胜食也；斧斤以时入山林，材木不可胜用也。"中国的先人很早就认识到了这个道理，绵延5000多年的中华文明之所以生生不息，也与道法自然、天人合一的传统哲学智慧紧密相关。从根本上说，人类是在同自然的互动中生产、生活、发展的，人与自然和谐共生，是生命共同体。

从历史视角来看，一部人类文明发展史就是一部人与自然的关系史。四大文明古国均发源于森林茂密、水量丰沛、田野肥沃的地区。古代埃及、古代巴比伦的衰落，与生态环境衰退特别是严重的土地荒漠化有着直接的联系。中国古代一些地区也有过惨痛教训，一度辉煌的楼兰文明，由于过度垦种等原因，最终难逃被埋藏在万顷流沙之下的命运。

进入工业文明以来，传统工业化迅猛发展，在巨大物质财富被创造出来的同时，也加速了对自然资源的攫取，打破了地球生态系统原有的循环和平衡，造成人与自然关系的紧张。从20世纪30年代开始，一些西方国家相继发生了环境公害事件，很多人患病、死亡，损失巨大，震惊世界，引发了人们对资本主义发展模式的深刻反思。恩格斯曾指出：我们不要过分陶醉于我们人类对自然界的胜利。对于每一次这样的胜利，自然界都对我们进行报复。人类对大自然的伤害最终会伤及人类自身，这是无法抗拒的规律。

"天育物有时，地生财有限。"生态环境没有替代品，用之不觉，失之难存，是一笔既买不来也借不到的宝贵财富。

改革开放以来，中国经济发展取得巨大成就，同时也积累了大量生态环境问题，一段时间内成为民生之患、民心之痛。中国作为一个世界上拥有人口最多的发展中大国，环境容量是很有限的，环境承载能力已经达到或接近上限，独特的地理环境也加剧了地区间的不平衡。譬如，"胡焕庸线"东南43%的国土居住着全国94%左右的人口，生态环境压力巨大；西北57%的国土以草原、戈壁沙漠、绿洲和雪域高原为主，生态系统非常脆弱。这种基本的资源环境国情，决定了中国必须把生态文明建设作为关系民族永续发展的根本大计。

保护生态环境，功在当代，利在千秋。每一个中国人应该以"功成不必在我"的境界和"功成必定有我"的担当，以热爱自然的情怀和科学治理的精神，像保护眼睛和对待生命一样保护生态环境，共同建设青山常在、绿水长流、空气常新的美丽家园。

"绿水青山就是金山银山"的新理念

在中国浙江安吉，有一个叫余村的小村曾经靠着开山采石成为远近闻名的"首富村"，老百姓腰包鼓起来了。村子虽然富了，但村民却高兴不起来。原因是，这里的生态环境已日益恶化，烟尘笼罩、污水横流成为困扰群众的大问题。要"钱袋子"还是要"绿叶子"？这是中国发展之后面临的共同问题，余村只是一个微型版的缩影。

站在发展的十字路口，2005 年 8 月，时任浙江省委书记习近平来到余村考察，以前所未有的战略眼光，第一次提出"绿水青山就是金山银山"。余村在这一全新的理念引领下，开始努力修复生态，用绿水青山敲开了经济发展的新大门，走出了一条生态美、百姓富的绿色发展之路。现如今，这一新的绿色发展理念已经从这个小山村走向了全中国，成为全党全社会的共识和行动。

绿水青山和金山银山，用通俗形象的语言表达了生态环境保护和经济发展的良性互动关系。绿水青山既是自然财富、生态财富，又是社会财富、经济财富。"草木植成，国之富也。"巍巍高山、茫茫草原、茂密森林、碧海蓝天、洁净沙滩、湖泊湿地、冰天雪地等都是大自然的慷慨馈赠，也是人类永续发展的最大本钱。绿水青山还是更加基础性和本源性的财富，离开了绿水青山，人类社会的一切财富都将成为无源之水、无本之木。

过去相当一段时间里，人们总是把生态环境保护和经济发展对立起来，甚至不惜牺牲环境来换取经济发展数字。显然，这种观念和做法是错误的，发展是硬道理，但绝不能不考虑或者很少考虑环境的承载能力，绝不能一味索取资源。正如习近平总书记所强调：我们既要绿水青山，也要金山银山。宁要绿水青山，不要金山银山，而且绿水青山就是金山银山。这深刻揭示了保护生态环境就是保护生产力、改善生态环境就是发展生产力的道理，指明了实现发展和保护协同共生共荣的新路径。

绿水青山蕴含无穷的经济价值，能够源源不断地送来金山银山。自然资源作为劳动资料，是构成生产力的基本要素。在社会生产中，人和自然是同时起作用的，没有自然界、没有感性的外部世界，就什么也不能创造。保护生态环境就是保护自然价值和增值自然资本，就是保护经济社会发展的潜力和后劲。事实上，现代经济社会发展对自然生态的依赖程度越来越高，绿色生态已经成为最大财富、最大优势、最大品牌。"鱼逐水草而居，鸟择良木而栖。"如果其他各方面条件都具备，人们都愿意到绿水青山的地方投资、发展、工作、生活和旅游，这也印证了"保护生态，生态就会回馈你"的道理。

绿水青山是人民生活幸福的重要指标，甚至胜过金山银山。良好生态环境是人民群众的共有财富，是最公平的公共产品、最普惠的民生福祉。山峦层林尽染，平原蓝绿交融，城乡鸟语花香，这样的自然美景，带给人们美的享受。对人类的生存来说，生态环境没有替代品。金山银山固然重要，但如果空气、饮用水都不合格，哪有什么幸福可言。人民群众过去"盼温饱"现在"盼环保"，过去"求生存"现在"求生态"。可以说，望得见山、看得见水、记得住乡愁，是现代中国人最大的期盼。

留得青山在，不怕没柴烧。保护好生态环境是一道重要的"必答题"，而不是一道可有可无的"附加题"。只有坚持在发展中保护、在保护中发展，那么"常青树"就会变成"摇钱树"，经济社会才能实现可持续发展。

转变发展与生活方式

回顾人类历史，几百年来工业化进程创造了前所未有的物质财富，也带来了触目惊心的生态破坏，产生了难以弥补的生态创伤。许多国家包括一些发达国家，在发展中把生态环境破坏了，搞了一堆没有价值甚至是破坏性的东西。

中国有着14亿多人口，在这样一个大国实现现代化，是绝无仅有、史无前例的。中国要实现永续发展，如果再走美欧老路，无节制消耗资源，不计代价污染环境，是难以为继的，也是走不通的。

与其扬汤止沸不如釜底抽薪，摒弃杀鸡取卵、竭泽而渔的发展与生活方式，把绿色发展方式和生活方式作为根本之策，从源头上解决生态环境问题。在这个问题上，中国没有别的选择。

培育绿色发展与生活方式，是发展观的一场深刻革命。习近平总书记深刻指出，绿色发展，就其要义来讲，是要解决好人与自然和谐共生问题。这场深刻革命是对生产方式、生活方式、思维方式和价值观念的全方位、革命性变革，突破了旧有发展思维、发展理念和发展模式。

推动形成绿色发展与生活方式，实际上就是调整人的行为、纠正人的错误行为，从一味地利用自然、征服自然、改造自然向尊重自然、顺应自然、保护自然转变，改变长期以来"大量生产、大量消耗、大量排放"的生产模式和消费模式，把经济活动、人的行为限制在自然资源和生态环境能够承受的限度内，有效防止在开发利用自然上走弯路。

推动形成绿色发展与生活方式，必须彻底改变过去那种以牺牲生态环境为代价换取一时经济发展的做法。绿色决定发展的成色，经济发展不再简单以国内生产总值增长率论英雄，而是按照统筹人与自然和谐发展的要求，从"有没有"转向发展"好不好"、质量"高不高"，追求绿色发展繁荣。加快形成绿色发展方式，重点是调整经济结构和能源结构，优化国土空间开发布局，培育壮大节能环保产业、清洁生产产业、清洁能源产业，通过绿色技术体系改造形成绿色经济，推进生态产业化和产业生态化，实现腾笼换鸟、凤凰涅槃。同时，加快划定并严守生态保护红线、环境质量底线、资源利用上线三条红线；对突破三条红线、仍然沿用粗放增长模式、吃祖宗饭砸子孙碗的事，绝对不能再干，绝对不允许再干。

推动形成绿色发展与生活方式，需要每一个人从思想意识到日常行为的深刻转变。每个人都是生态环境的保护者、建设者、受益者，没有哪个人是旁观者、局外人、批评家，谁也不能只说不做、置身事外。全体民众要有强烈的节约意识、环保意识、生态意识，培养生态道德和行为习惯，让天蓝地绿水清融入内心深处。同时，需要开展全民绿色行动，倡导简约适度、绿色低碳的生活方式，反对奢侈浪费和不合理消费，形成文明健康的生活风尚。

令人欣喜的是，随着生态文明意识的深入，建设美丽中国已逐步转化为全民自觉行动。比如，近年来，上海这座拥有2400多万常住人口的超大城市大力推行垃圾分类，法规先行、正向激励、精细操作，居民垃圾分类达标率已经提升至90%以上，人们以实际行动完美地诠释了绿色理念的新时尚。

打响污染防治攻坚战

空气、水、土壤，是人类赖以生存和发展的最基本条件。新时代以来，中国共产党和中国政府从增进民生福祉出发，把生态文明建设纳入"五位一体"总体布局，以前所未有的力度打响蓝天、碧水、净土三大保卫战，开展农村人居环境整治，全面禁止进口"洋垃圾"，建设人与自然和谐共生的美丽中国。

蓝天保卫战

在很多人的记忆中，10年前，中国北方很多地方常常遭遇雾霾，甚至空气质量数据纷纷爆表。不仅如此，

2013 年中国东部平均雾霾天数也创下新中国成立以来之最，陷入"十面霾伏"。现实情况一再表明，生态环境问题成为民心之痛。以往粗放的发展方式已难以为继了，必须加以改变。

如何让良好生态环境成为最普惠的民生福祉？如何既保持经济持续发展又保护好生态环境？如何推动中华民族永续发展？这是摆在中国共产党和中国政府面前亟待解决的新课题。

直面各种挑战、回应民众关切，中国"环保强音"越来越响亮，环保治理的举措越来越硬、越来越实。

制订大气污染防治行动计划。2013 年 9 月，国务院印发《大气污染防治行动计划》，建立了京津冀及周边地区、长三角大气污染防治协作机制和全国大气污染防治部际协调机制，统筹推进区域大气污染联防联控和部门协作配合。加强重点行业整治，推行产业结构调整，调整优化能源结构。出台环保电价、专项资金、新能源汽车补贴、油品升级价格等配套政策，发布污染物排放标准、技术政策及技术规范。

加大重点行业、重点地区污染治理。自 2013 年 1 月起，实施国家第五阶段气体燃料点燃式发动机与汽车排放标准。印发京津冀及周边地区、长三角、珠三角及周边地区重点行业大气污染限期治理方案，推动能源结构优化调整，实施以电代煤、以气代煤，加快淘汰小的燃煤锅炉。

设立大气污染防治专项资金。中央财政安排专项资金支持京津冀及周边、长三角、珠三角治理雾霾，启动实施清洁空气研究计划，支持建设国家环境保护大气复合污染来源与控制重点实验室、国家环境保护大气物理模拟与污染控制重点实验室和国家环境保护机动车污染控制与模拟重点实验室。

完善监测预警应急体系。环保部门运用卫星和无人机等高科技手段，采取联合执法、交叉执法、区域执法等方式，坚持每月组织开展大气污染防治专项检查，检查结果通报给地方政府并向社会公开。出台加强重污染天气监测、预警和应急管理工作的政策文件，实时发布京津冀、长三角、珠三角"三区"地级及以上城市、直辖市、省会城市细颗粒物（PM2.5）等监测数据，并开展空气质量状况排名，实施重污染天气区域应急联动。

随着空气治理深入推动，中国在经济持续增长、能源消费量持续增加的情况下，环境空气质量总体改善，但远未到"解甲归田"的时候。2018年，国务院印发《打赢蓝天保卫战三年行动计划》，紧接着全国人大通过新修订的《中华人民共和国大气污染防治法》，进一步充实和完善顶层制度。全国各地大气污染治理的重点领

域，转向调整能源结构、产业结构、交通运输结构、用
地结构。

经过持续多年的努力，蓝天保卫战行动计划圆满收
官，各地大气污染治理任务顺利完成。据中国生态环境
部通报，2021 年，全国 339 个地级及以上城市平均优良
天数比例为 87.5%，同比上升 0.5 个百分点；PM2.5 平均
浓度为 30 微克 / 立方米，同比下降 9.1%；PM10 平均浓度
为 54 微克 / 立方米，同比下降 3.6%。大气污染防治重点
区域，如京津冀、长三角、珠三角 PM2.5 年均浓度都大
幅下降。其中，北京的空气优良天数达 288 天，大气污
染物创有监测记录以来新低，被誉为创"北京奇迹"。如
今的中国，空气更加清新，蓝天更加迷人。

碧水保卫战

水是生命之源。滋润一方土地、养育沿岸百姓的
"母亲河""母亲湖"被人们深深眷恋，成为很多人故乡
记忆的载体。

中国是一个严重缺水的国家。据 2011 年 7 月之前
的统计，中国 660 座城市中有 400 多座城市缺水，三分
之二的城市存在供水不足，中国城市年缺水量为 60 亿立
方米左右，其中缺水比较严重的城市有 110 个。更让人
忧虑的是，随着城镇化、工业化快速发展，中国还面临

十分严峻的水污染形势，部分地区水质甚至出现持续恶化的状况。海河、辽河、淮河、黄河、松花江、长江和珠江七大江河水系，均受到不同程度的污染。万里海疆形势也不容乐观，赤潮年年如期而至。在美丽的渤海湾，浊流迸溅，海面上漂浮着油污。

治理水污染问题，已经到了刻不容缓的地步。新时代以来，习近平总书记多次视察河流湖泊，作出重要战略部署。从明确要求"把修复长江生态环境摆在压倒性位置，共抓大保护，不搞大开发"，到强调推动黄河流域生态保护和高质量发展，从在云南洱海边殷切叮嘱当地干部"立此存照，过几年再来，希望水更干净清澈"，到要求让山西汾河"水量丰起来、水质好起来、风光美起来"，等等。所有这些，无不体现了党中央防治水污染的决心和信心。

与此同时，党中央坚持系统治理、改革创新理念，按照"节水优先、空间均衡、系统治理、两手发力"的原则，突出重点污染物、重点行业和重点区域，注重发挥市场机制的决定性作用、科技的支撑作用和法规标准的引领作用，加快推进水环境质量改善。

加大水污染治理的投入，实施水体污染控制与治理科技重大专项工作，按照"一河一策""一湖一策"的战略部署，在太湖、辽河、松花江、滇池、巢湖、海河、淮河、三峡水库、东江、洱海等 10 个流域开展大攻关、大示范。

启动水污染防治行动计划。2015 年 4 月，国务院印发《水污染防治行动计划》，提出到 2020 年，全国水环境质量得到阶段性改善，污染严重水体较大幅度减少，饮用水安全保障水平持续提升，地下水超采得到严格控制，地下水污染加剧趋势得到初步遏制，近岸海域环境质量稳中趋好，京津冀、长三角、珠三角等区域水生态环境状况有所好转。到 2030 年，力争全国水环境质量总体改善，水生态系统功能初步恢复。到本世纪中叶，生态环境质量全面改善，生态系统实现良性循环。

全面推行河长制。近年来，一些地区积极探索河长制，由党政领导担任河长，依法依规落实地方主体责任，协调整合各方力量，有力促进了水资源保护、水域岸线管理、水污染防治、水环境治理等工作。这是完善水治理体系、保障国家水安全的制度创新。

开展重点流域水污染防治专项规划。对淮河、海河、辽河、松花江、巢湖、滇池、三峡库区及其上游、黄河中上游和长江中下游等 9 个流域 25 个省（区、市）重点流域水污染防治专项规划实施情况进行了考核。建立由政府一把手负总责的省、市、县三级最严格水资源管理制度行政首长负责制，推进将国务院确定的"三条红线"

控制指标逐级分解到省、市、县三级行政区。

近些年来，随着长江保护修复、渤海综合治理、水源地保护、城市黑臭水体治理、农业农村污染治理等标志性战役推进，以及河长制、湖长制在全国的普遍建立，碧水保卫战取得重要进展，百姓身边清水绿岸、鱼翔浅底的景象明显增多。截至 2021 年年底，全国水质优良水体比例为 84.9%，丧失使用功能的水体比例为 1.2%。水生态环境质量保持了持续改善的势头，2021 年长江流域水质优良的国控断面比例为 97.1%，同比增加 1.2 个百分点，长江干流水质保持Ⅱ类；黄河干流全线达到了Ⅲ类水质，黄河流域干流有 90% 以上的断面达到了Ⅱ类以上的水质，黄河水质也得到了显著改善。可以说，水污染防治攻坚战取得了很大的成效，为可持续发展作出了巨大贡献。

净土保卫战

土生万物，土壤是农业生产的物质基础，是陆生生物的栖息地。因而，土壤问题涉及群众关心的"菜篮子""米袋子"，事关到人民的身体健康。

一段时间以来，中国的土壤环境状况令人不安，部分地区土壤污染较重，耕地土壤环境质量堪忧，工矿业废弃地土壤环境问题突出。工矿业、农业等人为活动以及土壤环境背景值高是造成土壤污染或超标的主要原因。

从污染分布情况看，南方土壤污染重于北方；长江三角洲、珠江三角洲、东北老工业基地等部分区域土壤污染问题较为突出，西南、中南地区土壤重金属超标范围较大；镉、汞、砷、铅等无机污染物含量分布呈现从西北到东南、从东北到西南方向逐渐升高的态势。

土壤污染状况不仅直接影响到农产品安全、食品安全和人体健康，而且还关系到全面建成小康社会目标能否顺利完成。进入新时代，习近平总书记和党中央高度重视土壤污染防治工作，多次强调要强化对土壤等污染防治力度，推进重金属污染和土壤污染综合治理。

全面摸清土壤环境状况，建立严格的耕地和集中式饮用水水源地土壤环境保护制度，遏制土壤污染上升势头，确保全国耕地土壤环境质量调查点位达标率不低于80%。

建立土壤环境质量定期调查和例行监测制度，搭建土壤环境质量和农业面源污染监测网，提升土壤环境综合监管能力，控制被污染土地开发利用的环境风险，有序推进典型地区土壤污染治理，逐步建立土壤环境保护政策、法规和标准体系。

推动农业生态环境保护和治理。降低全国水稻、玉米、小麦三大粮食作物化肥利用率，提高农药利用率。加大投资力度，实施地膜回收利用，提高残膜加工能力。

实施土壤污染防治行动计划，推进土壤污染综合防治先行区建设，加大土壤污染治理与修复；加强重金属污染防控重点区域综合治理，开展农产品产地土壤重金属污染监测，研究建立农产品产地分级管理制度；推进生活垃圾焚烧处理设施建设，开展非正规垃圾堆放点排查整治。

经过持续数年的净土保卫战，中国建成国家土壤环境保护体系，土壤环境风险得到有效管控，土壤环境质量得到明显改善。据统计，2014年至2019年间，中国依法依规关停涉重金属行业企业3500余家，实施金属减排工程850多个。同时，农用地土壤环境质量类别划分、治理修复等工作都有了很大进展，农用地土壤环境状况总体保持了稳定。

从国内外污染治理实践来看，空气、水、土壤污染的形成非一朝一夕，问题的解决也不可能一蹴而就。自然资源的修复与治理，具有周期长、成本高、见效慢的特点，因而既要做好打攻坚战的准备，更要具备打持久战的耐心。

生态保护重在制度构建

制度是行为的导向。如果没有制度保障，生态文明建设就可能永远停留在口号上。新时代以来，中国把"生态文明体制"纳入全面深化改革的目标体系，深化生态文明体制改革，健全国土空间开发、资源节约利用、生态环境保护的体制机制，为推动人与自然和谐发展提供强大的制度屏障。

制度是生态环保最可靠的屏障

很多人误以为，生态环保意识是近现代以来，尤其是进入工业文明之后才逐步产生的。其实不然，早在远古时代的中国，人们对于自然的依赖性比较强，认为自然与自己的生活密不可分，因而不会轻易去破坏环境。

中国古代不仅对环境保护具有很强的敬畏心理，而且还有意识地制定环境保护法令，奖惩机制十分严苛。中国历史上最早的环保法令有《逸周书》《伐崇令》等。尤其是西周时期颁布的《伐崇令》，被誉为世界上最早的环境保护法令。这部法令规定："毋坏室，毋填井，毋伐树木，毋动六畜。有不如令者，死无赦。"

由此可见，中国古代很早就有尊重自然、保护生态的观念，并把这种观念上升为国家管理制度，专门设立掌管山林川泽的机构，制定政策法令，这就是后人所说的虞衡制度。后来不少朝代也都有保护自然的律令并对违令者重惩。

鉴古可以知今。面对日益严重的生态环境危机，人们必须拿出勇气，想出办法，付诸行动。其中，当务之急就是制定严格的制度和依靠严密的法治。因为只有实行最严格的制度、最严密的法治，才能为生态文明建设提供可靠保障。

没有规矩，不成方圆。过去的数十年，中国在生态环境保护方面做了很多努力，应该说也取得了一定的成效。但是，不可否定的是，生态环境保护上的问题还是很突出的，一些地方甚至出现严重破坏生态环境事件。其中，甘肃祁连山自然保护区生态环境破坏就是典型事件之一。

祁连山是黄河流域重要水源产流地、甘肃河西走廊的"生命线"，是西北地区乃至全国最为重要的生态安全屏障之一。1988 年 5 月，国务院就批准建立甘肃祁连山国家级自然保护区。然而，由于矿藏、水资源富集，祁连山自然生态曾因违规过度开发遭到严重破坏。一是长期大规模违规探矿采矿，造成保护区局部植被破坏、水土流失、地表塌陷。保护区范围内仅肃南裕固族自治县境内就有 532 家大小矿山企业，保护区设置的 144 宗探矿权、采矿权中，有 14 宗是在国务院明确保护区划界后违法违规审批延续的，涉及保护区核心区 3 宗、缓冲区 4 宗。二是当地在祁连山区域黑河、石羊河、疏勒河等流域高强度开发水电项目，共建有水电站 150 余座，其中 42 座位于保护区内，存在违规审批、未批先建、手续不全等问题。仅张掖境内的干支流上就先后建成了 46 座水电站。三是周边企业偷排偷放问题突出，部分企业环保投入严重不足，污染治理设施缺乏，偷排偷放现象屡禁不止。

针对祁连山生态环境严重破坏问题，当地尽管曾经做了一些工作，但收效并不明显，无休止探矿采矿、截流发电、过度放牧、旅游开发项目未批先建等问题依然突出，生态环境持续恶化。2017 年 1 月，祁连山生态环境破坏问题被中央电视台曝光，随后《人民日报》以《祁连山：在生态之痛中苏醒》为题作了专题报道，从而引发全社会的普遍关注。

甘肃祁连山自然环境破坏事件绝非孤立的案例，类似事件近些年暴露出不少。这些恶性事件背后都有一个共同原因，即地方党委政府失职渎职、企业责任不落实。归根到底就是，生态环境保护的体制不健全、制度不严格、法治不严密、执行不到位、惩处不得力。

惨痛的教训告诉人们，要避免类似问题再度发生，必须从根子上解决，作出系统性制度安排，为建设美丽中国保驾护航。

构建生态环保制度体系

实践中暴露出来的很多问题一再表明，建设人与自然和谐共处的生态文明，重中之重在于建立严格的规章制度。近年来，习近平总书记和党中央也反复强调制度在生态环境保护中的重要地位，注重加快环保立法的步伐，把生态文明建设纳入制度化、法治化轨道。

这些年建立起来的环保制度很多，主要有以下几个方面。

一是建立生态环保督察机制。2015 年 7 月，中央全面深化改革领导小组通过了《环境保护督察方案（试行）》，明确建立环保督察机制。督察工作将以中央环境保护督察组的形式，对省区市党委和政府及其有关部门开展，并下沉至部分地市级党委政府部门。随后不久，中央环保督察在河北启动生态文明建设问责制试点，随后迅速在全国范围推开，成为推动地方党委和政府及其相关部门落实生态环境保护责任的硬招实招。中央环保督察组通过实地督察，及时发现并处理了陕西秦岭北麓西安段圈地建别墅等一大批严重破坏生态环境的典型案件，引起社会强烈震动。

二是实施生态文明建设目标新的考核办法，生态环境类指标在各类考核评价体系中的权重大幅提高。对于重点生态功能区，普遍建起以生态环保为导向的评价体系，不再考核地区生产总值及增速等指标。同时，环境保护督察明确提出"党政同责""一岗双责"，这意味着地方党委与政府一道接受监督，督察结果作为领导干部考核评价任免的重要依据。

三是全面改革自然资源资产产权制度。为解决自然资源所有者不到位、空间规划重叠、部门职责交叉重复等问题，实现山水田湖草沙各类自然资源的整体保护、系统修复和综合治理，2018 年机构改革中专门组建了自然资源部。次年，中共中央办公厅、国务院办公厅印发《关于统筹推进自然资源资产产权制度改革的指导意见》，正式启动自然资源资产产权制度改革。改革的目的就是，建立归属清晰、权责明确、保护严格、流转顺畅、监管有效的自然资源资产产权制度。

四是制定严密的生态保护法治体系。近年来，陆续修改和出台《环境保护法》《环境保护税法》《土壤污染防治法》《大气污染防治法》《海洋污染防治法》《水污染防治法》，强化政府的监管职责和企业污染防治责任，改变了以往主要依靠政府部门单打独斗的传统监管方式，为生态环境保护筑起了牢固的"法治堤坝"。此外，中国还出台实施自然资源资产离任审计、生态环境损害责任追究、省以下环保机构监测监察执法垂直管理、生态环境部门约谈等，编织起越来越密的制度笼子。

五是建立以国家公园为主体的自然保护地体系。建立以国家公园为主体的自然保护地体系，是中共十九大提出的重大改革任务。随后，出台《关于建立以国家公

园为主体的自然保护地体系的指导意见》，旨在建立自然
生态系统保护的新体制新机制新模式，建设健康稳定高
效的自然生态系统，为维护国家生态安全和实现经济社
会可持续发展筑牢基石。

新时代以来，中国制定实施了数十项设计生态环境
保护的改革方案，推进生态环境监测数据质量管理、河
（湖）长制、国家公园体制试点等，全面实施"史上最
严"环保法，实行最严格的生态环境保护制度，健全生
态保护和修复制度，严明生态环境保护责任制度，生态
文明制度体系日益成熟、日益定型，为建设富强民主文
明和谐美丽的社会主义现代化强国奠定生态根基。

生态环保制度重在执行

随着生态文明制度体系的建立，生态环境保护有了
更可靠的依据。但是，如果只是停留于此，那是远远不
够的。制度的生命在于执行。执行生态环保法规制度，
必须坚持严字当头，把它的刚性和权威牢固树立起来。
决不能让生态环保法规制度成为"没有牙齿的老虎"，否
则再多的制度也是"牛栏关猫"。

近年来，从中央到地方始终把制度执行放在第一位，
掀起一场又一场生态环保保卫战，让生态环保制度虎虎
生威。

严格落实中央生态环境保护督察制度。自环保督察制度建立以来，中央生态环境保护督察组在全国各地开展了多轮督察，其中秦岭违建问题专项整治行动最为引人关注。

秦岭是中国南北方气候分界线和重要的生态安全屏障，有调节气候、保持水土、涵养水源、维护生物多样性等诸多功能。然而，2003 年起，秦岭北麓违法建起了大批别墅，违建者对山体肆意毁坏，生活污水随意排放，有的甚至把山坡人为削平，随意圈占林地，秦岭生态环境受到严重破坏。"秦岭违建"惊动党中央，习近平总书记先后六次就"秦岭违建"作出批示指示。2018 年 7 月下旬，中央专门派出中纪委领衔的专项整治工作组入驻陕西，展开针对秦岭违建别墅的整治行动。截至 2019 年 1 月，清查出 1194 栋违建别墅；其中依法拆除 1185 栋、依法没收 9 栋；依法收回国有土地 4557 亩、退还集体土地 3257 亩。经过整治，秦岭生态得以逐步修复。

严格落实生态环境保护惩治制度。为使生态环保制度产生威慑力，中国自上而下推动企业主体责任和政府监管责任的落实，健全环保信用评价、信息强制性披露、严惩重罚等制度，大幅提高违法违规成本，让生态环境违法行为人"得不偿失"，乃至"倾家荡产"。在秦岭违建整治案例中，单体最大违建别墅的建设者被判刑，并处以高额罚金。

严格落实生态环境保护责任制。生态环境保护能否落到实处，关键在领导干部。为此，中国从上至下实施最严格的考核问责，把考核结果作为领导班子、领导干部奖惩和提拔使用的重要依据。同时，对那些不顾生态环境盲目决策、造成严重后果的人，不能让他拍拍屁股走人，即使走人了，依然严肃追究其责任，甚至终身追责。在秦岭违建整治案例中，超过 1000 多人被询问，多名省部级官员被问责落马，其中包括时任陕西省委书记。

令在必信，法在必行。甘肃祁连山由乱到治，秦岭违建整治，无不彰显了最严格的生态环境保护制度的成效。只要生态环保制度执行及时、有力，在生态环保督察中敢于动真格，不怕得罪人，咬住问题不放松，那么生态环境保护制度就能长出铁牙，就能产生强大的威慑力，最终得到人民群众的广泛认可。

美丽中国江山如画

进入新时代，中国持续开展大规模国土绿化行动，加强大江大河和重要湖泊湿地及海岸带生态保护和系统治理，加大生态系统保护和修复力度，加强生物多样性保护，推动形成节约资源和保护环境的空间格局、产业结构、生产方式、生活方式。

经过多年不懈的努力，像保护眼睛一样保护生态环境，像对待生命一样对待生态环境，日益成为中国人的普遍共识，美丽中国像一幅如画的风景徐徐展开。

中国乡村容貌的巨变

建设美丽中国，美丽乡村建设是不可或缺的重要部分。

随着工业化、城镇化和农业现代化进程不断加快，一个时期以来，中国农村环境形势十分严峻。农村环境突出问题主要体现在两个方面：一是大多数建制村没有垃圾收集处理设施，没有污水处理设施，畜禽养殖废弃物不能得到资源化利用或无害化处理，农村环境真可谓"脏乱差"。二是很多农村饮用水水源地未划定保护区，农村饮用水水源存在安全隐患，严重威胁到广大农村群众的身体健康。

针对农村环境存在的突出问题，近十年来，中国启动了对农村环境大规模的综合整治工作。

大规模建设农村饮用水水源防护设施，拆除饮用水水源地排污口；建立农村生活垃圾收集、转运、处理设施、生活污水处理设施及畜禽养殖污染治理设施，降低有毒气体排放量。

　　开展乡村环境卫生整洁行动，统筹治理乡村环境卫生问题，加快农村改厕步伐，使乡村环境卫生条件明显改善，影响健康的主要环境危害因素得到有效治理。

　　推广化肥农药减量控害增效技术，发展清洁、循环、生态的种养模式，推进农作物秸秆、畜禽粪便等农村有机废弃物综合利用，发展农家乐和乡村旅游，实现了环境保护、农业增产、农民增收的共赢新局面。

　　经过整治，农村原有的"脏乱差"问题得到解决，成千上万的国家级生态乡镇不断涌现，乡村环境面貌焕然一新。2021年，全国农村卫生厕所普及率超过70%，生活垃圾进行收运处理的行政村比例超过90%，全国农村生活污水治理率达30%左右。

　　随着农村人居环境的持续改善，一个个有青山，有绿水，有乡愁，建设田园牧歌、秀山丽水、和谐幸福的美丽宜居乡村呈现在人们面前。

自然生态系统生机盎然

　　中国幅员辽阔，陆海兼备，地貌和气候复杂多样，孕育了丰富而又独特的生态系统、物种和遗传多样性，是世界上生物多样性最丰富的国家之一。中国的传统文化积淀了丰富的生态环保智慧，"天人合一""道法自然""万物平等"等思想和理念体现了朴素的自然生态保护意识。

近年来，中国坚持生态优先、绿色发展，生态环境保护制度体系日臻完善、生物多样性治理新格局基本形成，自然生态呈现出一片生机盎然。

生态系统快速恢复。大规模实施天然林保护修复、京津风沙源治理工程、石漠化综合治理、三北防护林工程等重点防护林体系建设、退耕还林还草、退牧还草以及河湖与湿地保护修复、红树林、滨海湿地保护修复，启动山水林田湖草生态保护修复、山水林田湖草沙一体化保护修复等重大生态工程。

经过大规模生态保护修复，中国的森林面积和森林蓄积量连续 30 年保持"双增长"，成为全球森林资源增长最多的国家，荒漠化、沙化土地面积连续 3 个监测期实现了"双缩减"，草原综合植被盖度达到 56.1%，草原生态状况持续向好。在全球森林资源持续减少的背景下，中国的森林覆盖率从 20 世纪 80 年代的 12% 增加到今天的 23.04%，森林蓄积量增加了 85 亿立方米，成为全球森林资源增长最多的国家，为全球贡献了 25% 的新增绿化面积。

中国的国家公园拔地而起。现如今，中国已建立各级各类自然保护地近万处，约占陆域国土面积的 18%。同时，中国积极推动建立以国家公园为主体、自然保护区为基础、各类自然公园为补充的自然保护地体系，为保护栖息地、改善生态环境质量和维护国家生态安全奠定基础。中国先后启动三江源等 10 处国家公园体制试点，整合相关自然保护地划入国家公园范围，实行统一管理、整体保护和系统修复。

以国家公园为主题的自然保护地体系，极大地拓展了野生动物栖息地空间。中国的野生种群数量不断增加。大熊猫野外种群数量 40 年间从 1114 只增加到 1864 只，朱鹮由发现之初的 7 只增长至目前野外种群和人工繁育种群总数超过 5000 只，海南长臂猿野外种群数量从 40 年前的仅存两群不足 10 只增长到五群 35 只。

西双版纳的大象北上，再现了人与自然和谐相处的新景象。中国现存亚洲象数量不足 300 头，主要分布在云南省的西双版纳、普洱和临沧市的热带雨林中。2021 年，15 头野象从西双版纳勐养子保护区出走，大象一路向北，走出雨林，也走进公众视野。直到 2021 年 8 月 8 日，一度北移近 500 公里的象群平安回归栖息地。这场大象迁徙之旅，一方面展现了"象进人退"的和谐共生图景；另一方面，大范围迁徙背后所凸显的生物多样性保护也仍然面临挑战。

生态环保任重道远

美国科普专栏作家纳塔莉·安吉尔在她的《野兽之

美》一书中这样写道：人类之所以生存得如此美好，是因为地球上还有许多鸟兽虫鱼始终伴随着我们。芸芸众生自有其存在的理由和生命的秘密，同样也有其兴衰的悲欢和灭绝的宿命。维护生物多样性就是维护人类自身，保护自然生态环境就是保护人类的家园。

近年来，中国实施了最严格的生态保护，成效也是引人注目的。截至 2020 年，中国共建立自然保护地近万处，保护面积覆盖陆域国土面积的 18%，约 90% 的陆地生态系统类型和 85% 的重点野生动物种群得到有效保护。2012 年至 2021 年 6 月，中国累计完成防沙治沙任务面积超过 1900 万公顷，封禁保护面积达到 177.2 万公顷，率先实现了荒漠化土地零增长，为实现联合国提出的 2030 年全球退化土地零增长目标作出重要贡献。

生态文明建设依然任重道远。建设绿色家园是各国人民的共同梦想，也是全球可持续发展的大势所趋。地球是人类赖以生存的唯一家园，顺应自然、保护生态的绿色发展昭示着人类的美好未来。唯有在习近平生态文明思想指引下，持之以恒地加强生态环境保护，为子孙后代留下蓝天、绿地、清水，才能让他们既能享有丰富的物质财富，又能遥望星空、看见青山、闻到花香。

第9章
胸怀天下的大国情怀

中国人热爱和平，心系天下，中国是一只和平可亲文明的狮子。进入新时代后，面对极端主义势力的抬头，中国为何提出人类命运共同体理念？中国如何致力于维护多边主义和文明多样化？中国在国际舞台上发挥了哪些重要作用？

2022 年 2 月爆发的俄乌冲突，令本已动荡的世界抹上了一层阴影。事实上，当今世界已处于百年未有之大变局中，人类面临许多共同的风险和挑战。霸权主义、强权政治和新干涉主义有所上升，保护主义、单边主义不断抬头，战乱恐袭、饥荒疫情此伏彼现，传统安全和非传统安全问题复杂交织，世界充满不确定性。人们对人类的未来感到担忧，希望有新的智慧提供新的解决方案。中国作为一个负责任大国，以习近平外交思想为指导，秉持胸怀世界的情怀，致力于推动中国与世界一起走向和平、发展与繁荣的未来。

提出人类命运共同体理念

寥廓星空，璀璨河汉。宇宙只有一个地球，人类共享一个家园，各国同处一个世界。珍爱和呵护共有家园、实现人类的和平与发展，是自古以来人类社会的美好愿望。

世界已站在一个新的历史起点上，人类到底应该建设一个什么样的世界，又该如何建设这个世界？对于这个关乎人类前途命运的时代课题，2013 年 3 月，中国国家主席习近平在莫斯科国际关系学院发表演讲时，以深邃的历史眼光和博大的天下情怀，首次提出构建人类命运共同体的理念。之后，他在一系列重大国际场合，对构建人类命运共同体理念进行了深入阐发，产生了深远而广泛的国际影响。2017 年 3 月，"构建人类命运共同体"被写入联合国安理会第 2344 号决议。这一理念集中了中华优秀传统文化智慧，体现了全人类共同的愿望和追求，反映了世界各国人民对和平、发展、繁荣的向往，彰显了胸怀世界的大国情怀，成为引领人类文明进步的旗帜。

人类命运共同体，顾名思义，就是每个民族、每个国家的前途命运都紧紧联系在一起，应该风雨同舟，荣辱与共，努力把我们生于斯、长于斯的这个星球建成一个和睦的大家庭，把世界各国人民对美好生活的向往变成现实。

构建人类命运共同体是应对全球性问题的必由之路。当今世界正经历百年未有之大变局，国际环境日趋复杂，不稳定性不确定性明显增加，世界经济低迷，发展鸿沟日益突出，地区冲突频繁发生，单边主义、保护主义、霸凌行径明显上升，恐怖主义、难民危机、生物安全、气候变化、重大传染病等全球性挑战此起彼伏，特别是新冠肺炎疫情加速了国际格局调整，传统安全和非传统安全威胁层出不穷，人类面临严峻挑战。

世界任何国家都不能从别国的困难中谋取利益，从他国的动荡中收获稳定。如果以邻为壑、隔岸观火，别国的威胁迟早会变成自己的挑战。世界各国只有坚持对话协商、共建共享、合作共赢、交流互鉴、绿色低碳，携手构建人类命运共同体，才能有效应对各种风险挑战，才能建设一个持久和平、普遍安全、共同繁荣、开放包容、清洁美丽的世界。建设这样的美好世界，反映了人类社会的共同价值追求，汇聚了世界各国人民对和平、发展、繁荣向往的最大公约数。

世界命运握在各国人民手中，人类前途系于各国人民的抉择。构建人类命运共同体是当代中国对世界的重要思想和理论贡献，成为中国引领时代潮流和人类文明进步方向的鲜明旗帜。

中国是一只和平可亲文明的狮子

爱好和平是中华民族的文化基因。有着 5000 多年历史的中华文明，始终崇尚和平，和平、和睦、和谐的追求深深植根于中华民族的精神世界之中，深深溶化在中国人民的血脉之中。

和平发展不是权宜之计

早在 20 世纪 50 年代，中国、印度、缅甸顺应历史潮流，共同倡导了互相尊重主权和领土完整、互不侵犯、互不干涉内政、平等互利、和平共处五项原则。和平共处五项原则生动反映了联合国宪章宗旨和原则，充分体现了相互尊重、和平、发展、公平、正义、民主、自由等人类共同的价值观。

现如今，和平共处五项原则早已在中国生根发芽、深入人心，不仅成为中国处理与世界各国关系的行动指南，而且也被世界上绝大多数国家所接受，成为规范国际关系的重要准则。

中国人民热爱和平、珍爱和平，走和平发展道路有深邃的历史文化底蕴。正如中国国家主席习近平所说，有着 5000 多年历史的中华文明，始终崇尚和平，和平、和睦、和谐的追求深深植根于中华民族的精神世界之中，深深溶化在中国人民的血脉之中。

"和"是中国文化的核心，中国"和"文化源远流长，蕴涵着天人合一的宇宙观、协和万邦的国际观、和而不同的社会观、人心和善的道德观。中国历史上曾经长期是世界上最强大的国家之一，但没有留下殖民和侵略他国的不良记录。坚持走和平发展道路，是对几千年来中华民族热爱和平的文化传统的继承和弘扬。

中国坚持走和平发展道路，既积极争取和平的国际环境发展自己，又以自身发展促进世界的和平；既让中国更好地利用世界发展的机遇，又让世界更好地分享中国发展的机遇，促进中国和世界各国良性互动、互利共赢。中国 40 多年的改革开放取得了巨大成功，中国人民生活水平得到前所未有的改善，这些都得益于总体和平的世界和周边环境。反过来说，中国的自身发展既维护和促进了世界的和平，也推动了世界的共同发展。事实一再证明：没有和平，中国和世界都不可能顺利发展；没有发展，中国和世界也不可能有持久的和平。

尽管中国已经全面建成小康社会，实现了第一个百年奋斗目标，但是要实现中华民族伟大复兴第二个百年目标，中国还有很长的路需要走。因而，中国最需要和谐稳定的国内环境与和平安宁的国际环境，任何动荡和战争都不符合中国人民的根本利益。这是从历史、现实、未来的客观判断中得出的结论。

由此可见，中国走和平发展道路，不是权宜之计，中国需要和平。

不走"强国必霸"的路子

拿破仑说过，中国是一头沉睡的狮子，当这头睡狮醒来时，世界都会为之发抖。中国这头狮子已经醒了，但这是一只和平的、可亲的、文明的狮子，中国人民不认同、不接受"国强必霸"的逻辑，不走"强国必霸"的旧路。

近些年来，随着中国综合国力不断壮大，国际上有些人开始担心，中国这个"大块头"要怎么走、怎么动，会不会撞到自己，会不会堵了自己的路，会不会占了自己的地盘。也有一些人戴着有色眼镜看中国，别有用心地炮制所谓的"中国威胁论"。那么，中国发展起来后会不会也搞霸权主义、欺负别人？

应该说，有这样的看法和想法，大多数人是由于认知上的错误，当然也有少数人是出于一种根深蒂固的偏见。2000 多年前，中国人就深明"国虽大，好战必亡"的道理。纵观世界历史，依靠武力对外侵略扩张最终都是要失败的，这是历史规律。近代中国经历了一段积贫积弱，长达百年的战祸离乱又让中国人坚信"己所不欲，勿施于人"的道理，中国即使发展强大起来，也不会称霸，不能让历史悲剧重演。

一个国家要发展繁荣，必须把握世界发展大势，顺应时代发展潮流。什么是当今世界的潮流？答案只有一个，那就是和平、发展、合作、共赢。世界潮流，浩浩荡荡，顺之则昌，逆之则亡。今天的世界是一个多极化的世界，国际力量对比朝着有利于维护世界和平的方向发展，任何国家试图像以往那样，在世界上称王称霸、唯我独尊已经不可能了，必然会遭到世界各国热爱和平的人民的坚决反对。

中国发展不对任何国家构成威胁，也决不会以牺牲别国利益为代价来发展自己，同时，中国决不放弃自己的正当权益，任何人不要幻想让中国吞下损害自身利益的苦果。中国人民愿意同世界各国人民和睦相处、和谐发展，不断推动壮大维护世界和平的力量，一道共谋和平、共护和平、共享和平。

中国永远走和平发展道路，也真诚希望世界各国都走和平发展这条道路。正如中国国家主席习近平所指出，中国走和平发展道路，不是权宜之计，更不是外交辞令，而是从历史、现实、未来的客观判断中得出的结论，是思想自信和实践自觉的有机统一。和平发展道路对中国有利、对世界有利，中国没有任何理由放弃这条被实践证明是走得通的道路。

维护多边主义和文明多样化

进入新时代，在推动构建人类命运共同体过程中，中国坚持多边主义立场，积极发展全球伙伴关系，扩大同各国的利益交汇点，整体推进大国、周边、发展中国家外交和多边合作，打造更富包容性和建设性的全球伙伴关系。

中国的"朋友圈"越来越大

广交朋友，诚待天下，是中国对外交往一直秉持的信条。近年来，中国持续张开双臂拥抱世界，积极发展全球伙伴关系。从领导人交往到国与国合作，从双边互动到多边舞台，频繁密集的外交活动，生动体现了中国的朋友遍布全球。

大国之间和睦才能世界和平，大国相互合作才有全球发展。中国是大国稳定与协作的促进者，是促进世界和平发展的重要力量。2019 年，中国国家主席习近平对俄罗斯进行历史性访问，两国元首共同宣布发展中俄新时代全面战略协作伙伴关系，签署关于加强当代全球战略稳定的联合声明，中俄全面战略协作更加稳固，成为大国关系的典范。2021 年中俄双边货物贸易额 1400 亿美元，连续三年突破千亿美元大关。中国在俄外贸中的占比进一步提升，连续 12 年稳居俄第一大贸易伙伴国地位。

中美关系牵动世界目光，关乎世界整体利益。当前，中美关系经历建交 40 多年来最严峻局面。面对美国反华

势力的霸凌挑衅，中方开展有理有利有节的斗争，坚定
维护国家主权、安全、发展利益，坚定维护国际关系准
则和国际公平正义，坚定维护世界各国特别是广大发展
中国家的正当权益。同时，中方保持对美政策的稳定性
和连续性，以坚定和冷静的态度，建设性处理和管控分
歧，努力维护国际体系的战略稳定。

中欧利益纽带更加紧密，双方强化协调合作，增
进彼此互信，坚定维护多边主义，共同应对全球挑战。
2021 年 2 月，中国—中东欧国家领导人峰会达成的务实
合作文件近 90 份，总价值近 130 亿美元，创历史之最。
据统计，截至 2022 年 1 月底，中欧班列累计开行突破 5
万列、运送货物超 455 万标箱、货值达 2400 亿美元，通
达欧洲 23 个国家 180 个城市，成为助力"一带一路"沿
线各国抗疫的"钢铁驼队"。

朋友越走越近，邻居越走越亲。中国与周边国家唇
齿相依、命运与共，相互以德为邻，是共同发展繁荣之
基。近年来，中国坚持与邻为善、以邻为伴，坚持睦邻、
安邻、富邻，提出"亲、诚、惠、容"的周边外交理念，
不断深化同周边国家的互利合作和互联互通。中国同东
盟关系进入全方位发展新阶段。2020 年 7 月，"中国＋中
亚五国"通过视频方式举行首次外长会晤。会议通过并
发表了《"中国＋中亚五国"外长视频会议联合声明》，

各方就推进中国同中亚国家合作、促进地区和平发展达成 9 点重要共识。2020 年 11 月，中国与东盟 10 国、日本、韩国、澳大利亚、新西兰正式签署了《区域全面经济伙伴关系协定》(RCEP)。这标志着当前世界上人口最多、经贸规模最大、最具发展潜力的自由贸易区正式启航。2021 年 3 月，中国完成核准，成为率先批准协定的国家。2022 年 1 月 1 日，区域全面经济伙伴关系协定正式生效。

广大发展中国家是中国在国际事务中的天然同盟军。2013 年 3 月，中国国家主席习近平访问非洲时，首次提出"真实亲诚"对非政策理念。秉持正确义利观和真实亲诚理念，中国同发展中国家的团结合作不断加强。2018 年是中国外交的"南南合作年"，从中拉、中阿到中非合作论坛，中国同发展中国家集体对话实现了全覆盖。2018 年 9 月，中非合作论坛北京峰会成功召开，习近平提出"不干预非洲国家探索符合国情的发展道路，不干涉非洲内政，不把自己的意志强加于人，不在对非援助中附加任何政治条件，不在对非投资融资中谋取政治私利"等"五不"原则，树立了中国对非合作的自律标杆，展示了国际发展合作的道德准则。2018 年 1 月，中拉论坛第二届部长级会议就支持和参与"一带一路"倡议发表特别声明，制订 2019 年至 2021 年中国与拉美和加勒比国家共同体成员国优先领域合作共同行动计划。2020年，中阿合作论坛第九届部长级会议召开，中阿双方汇聚起团结抗疫、共克时艰的集体力量，表明了中阿相互支持、命运与共的政治意志，规划了中阿务实合作、共同发展的前进路径，开启南南合作关系崭新时代。

国际上的事由大家共同商量着办，世界前途命运由各国共同掌握，这是多边主义的核心要义。在国际舞台上，从二十国集团领导人峰会到中法全球治理论坛，从圣彼得堡国际经济论坛到金砖国家领导人会晤、亚洲文明对话大会，中国积极倡导和践行多边主义，毫不动摇维护以联合国为核心的国际体系、以国际法为基础的国际秩序，倡导共商共建共享的全球治理观，发出践行多边主义、抵制单边主义、反对霸权主义的正义之声。

总之，在世界百年未有之大变局下，中国顺应时代发展的潮流，推动全球治理体系朝着更加公正合理的方向发展，成为当今世界乱象中的中流砥柱。

维护人类文明的多样性

在维护多边主义的同时，中国始终维护各国各民族文明的多样性，提倡不同文明相互尊重、平等相待，美人之美、美美与共，开放包容、互学互鉴，与时俱进、创新发展，以中国文明观引领国际思潮前行，引发各方强烈共鸣。

"海纳百川，有容乃大。"每一个国家和民族的文明都扎根于本国本民族的土壤之中，都有自己的本色、长处、优点。世界各国应该维护各国各民族文明的多样性，加强相互交流、相互学习、相互借鉴，而不应该相互隔阂、相互排斥、相互取代；坚持求同存异、取长补短，不攻击、不贬损其他文明。近年来，美国极少数政客将中美关系界定为"文明较量"，并称美正在制定基于"文明冲突"的对华关系框架。虽然美国政界一直以来不乏有人炒作"中国威胁论"，然而将中美关系上升到所谓"文明冲突"的层面，尚属首次。历史反复证明，任何大肆宣扬文明冲突论，任何想用强制手段来解决文明差异的做法，不但不会成功，反而会给世界文明带来灾难。

求同存异是不同国家、不同文明间关系的应有之义，顺应了和平、发展、合作、共赢的历史潮流。世界各国地理位置不同，经济发展阶段不同，民族文化不同，社会制度和发展道路不同，但既然共同生活在地球村，就不应让不同成为合作障碍。各国只有平等相待、求同存异，才能弥补彼此合作短板，凝聚更大合力。同时，随着世界多极化、经济全球化、文化多样化、社会信息化深入发展，和平、发展、合作、共赢成为各国人民共同呼声。思维停留在弱肉强食、你输我赢、以邻为壑的旧时代，终将被时代所抛弃。唯有平等相待、求同存异，以新思维开辟新道路，才能跟上历史前进的滚滚车轮。

各国间不仅要求同存异，而且更要聚同化异。求同共存、聚同化异，需要找到国与国之间的最大公约数。中国国家主席习近平指出，人类命运共同体汇聚着世界各国人民对和平、发展、繁荣向往的最大公约数。"构建人类命运共同体"的中国理念，深刻回答了"什么样的世界是美好世界、怎样建设美好世界"，为人类定义一个光明的未来。

志同道合是伙伴，求同存异也是伙伴。中国始终倡导构建平等性、和平性和包容性伙伴关系，打造更加紧密的全球伙伴关系网络，联结遍布全球的"朋友圈"，与各国人民结伴而行、共创美好未来。

担负大国应负的责任

2020年9月，中国国家主席习近平在第七十五届联合国大会一般性辩论上发表讲话时指出，大国更应该有大的样子，要提供更多全球公共产品，承担大国责任，展现大国担当。世界各国观察中国发展，要看中国取得了什么成就，更要看中国为世界作出了什么贡献。中国顺应代潮流，推动世界共同发展，生动诠释一个负责任的发展中大国的良好形象。

共同发展与共克时艰

近 10 年来，中国的发展成为世界经济的稳定器和动力源。

统计数字表明，中国经济占世界经济总量的比重从 1978 年的 1.8% 提高到 2021 年的 18% 左右，稳居世界第二大经济体地位。2008 年国际金融危机以来，特别是 2012 年中共十八大以来，面对世界经济持续低迷、复苏缓慢，中国不断全面深化改革和扩大对外开放，中国的市场活力得到快速激发，内需潜力不断得到释放，经济增长的新动能不断提升；中国主要宏观经济指标保持稳定，经济韧性好、潜力足、回旋余地大，经济增长的可持续性增强；中国连续多年对世界经济增长的贡献率超过 30%，成为世界经济增长的主要稳定器和动力源。

特别值得一提的是，在世界遭受新冠肺炎疫情冲击下，2020 年中国是唯一实现正增长的主体经济体。同时，中国还陆续推出一系列扩大开放的新措施，展现了中国扩大开放的坚定决心，也让国际社会进一步增强了共享中国发展机遇的信心。世界经济合作与发展组织关于世界经济展望报告指出，中国 2021 年对世界经济增长的贡献超过了三分之一。近年来，中国持续深入贯彻新发展理念，加快推进创新驱动发展战略，实现经济发展向高质量转变，为世界经济增长不断注入新动能。

消除贫困是人类共同理想，中国为世界减贫事业作出重大贡献。

近年来，中国积极支持联合国消除贫困联盟的工作，与其他国家携手推进国际减贫合作。2020年，在疫情带来的巨大压力下，中国如期完成脱贫攻坚目标任务，全国832个贫困县全部脱贫摘帽。按照世界银行每人每天1.9美元的国际贫困标准，改革开放40多年来，中国让8亿多贫困人口脱贫，对世界减贫贡献率超过70%，是全球最早实现千年发展目标中减贫目标的发展中国家。中国丰富的减贫经验值得许多国家学习和借鉴。中国在致力于自身消除贫困的同时，始终积极开展南南合作，力所能及向其他发展中国家提供不附加任何政治条件的援助，支持和帮助广大发展中国家特别是最不发达国家消除贫困。根据世界银行研究报告，中国通过"一带一路"倡议等多项发展合作举措，使相关国家约760万人摆脱极端贫困、3200万人摆脱中度贫困。

建设美丽清洁的世界，是人类共同的愿望，中国从未缺席。

早在2015年巴黎气候大会前，中国就与美国、法国发表了元首气候变化联合声明，就气候谈判中的一些重大问题达成共识。2020 年 9 月，中国国家主席习近平在第七十五届联合国大会一般性辩论上发表重要讲话，提出中国将提高国家自主贡献力度，采取更加有力的政策和措施，努力争取于 2030 年前二氧化碳排放达到峰值，努力争取在 2060 年前实现碳中和。2020 年 12 月，中国国家主席习近平在气候雄心峰会上通过视频发表题为《继往开来，开启全球应对气候变化新征程》的重要讲话，提出加强全球气候治理的三点倡议，并宣布中国将进一步提高国家自主贡献力度。2021 年 3 月，习近平总书记在中央财经委员会第九次会议上明确强调：实现碳达峰、碳中和是一场广泛而深刻的经济社会系统性变革，要把碳达峰、碳中和纳入国家生态文明建设整体布局，拿出抓铁有痕的劲头，如期实现 2030 年前碳达峰、2060 年前碳中和的目标。

现当今，应对气候变化已被全面纳入中国"十四五"规划（2021—2025），中国正以实际行动向世界传递着坚定走绿色低碳发展道路的积极信号，稳步推动科学配置、生态优先、绿色发展，为各国携手应对气候挑战、推进绿色复苏作出重要贡献。

在危机中勇于担当，这是中国作为大国当担的生动体现。

2020 年，新冠肺炎疫情在全球暴发蔓延，成为二战结束以来最严重的公共卫生危机，给世界造成全方位的冲击，给人类带来前所未有的挑战。作为世界和平的建设者、全球发展的贡献者、国际秩序的维护者，中国始终坚持共商共建共享的全球治理观，呼吁国际社会坚定维护联合国的权威和地位，恪守联合国宪章的宗旨和原则，维护以国际法为基础的国际秩序，支持联合国更有效地凝聚全球共识，动员全球资源，协调全球行动，与世界共同应对疫情挑战。坚持人民至上、生命至上，中国举全国之力抗击疫情，不仅取得国内疫情防控重大战略成果，还一直全力支持全球抗疫行动。

联合国秘书长古特雷斯指出，中国人民"以牺牲正常生活的方式为全人类作出了贡献"。中国积极响应联合国发起的全球人道应对计划，向世界卫生组织提供现汇援助，向160多个国家和国际组织提供物资援助，向200多个国家和地区出口防疫物资，把中国新冠疫苗作为全球公共产品等，无不体现了中国的大国责任与担当。

推动世界持久和平

近年来，作为联合国安理会常任理事国，中国积极参与联合国各领域工作，推动和平解决国际争端。

在世界百年未有之大变局下，国际安全形势不稳定性不确定性增加，联合国维和行动受制因素日趋增多，职能任务日趋繁重，安全环境日益复杂，面临多重挑战和考验。

对此，中国充分发挥安理会常任理事国作用，坚定支持和参与联合国维和行动，履行守护和平的庄严承诺，给冲突地区带去更多信心，让当地人民看到更大希望，永远做世界和平的建设者、全球发展的贡献者、国际秩序的维护者。

中国是联合国维和行动所有出兵国中组建维和待命部队数量最多、分队种类最齐全的国家。中国军队实现了派遣维和人员从无到有、兵力规模从小到大、部队类型从单一到多样的历史性跨越。2015 年，中国国家主席习近平向全世界庄严作出支持联合国维和行动的 6 项承诺。作出承诺需要底气，兑现承诺体现担当。2017 年 9 月，中国军队完成 8000 人规模维和待命部队在联合国的注册工作，包括 10 类专业力量的 28 支分队严阵以待，蓄势待发。中国维和待命部队按照联合国标准严格施训，是一支训练有素、装备精良、纪律严明的专业力量。中国以实际行动践行了维护世界和平的庄严承诺，向全世界展现了中国热爱和平、勇于担当的负责任大国形象，为构建人类命运共同体作出了不懈努力和突出贡献。

中国在世界局部地区大规模冲突中，始终秉持公正立场劝和促谈。针对 2022 年俄乌冲突，中国提出两个应该优先处理的事项。第一个就是要劝和促谈，俄乌冲突爆发后，中国一直同俄乌双方保持着密切的沟通，并在冲突发生第二天就向俄罗斯总统普京提出了意愿：希望俄乌双方尽早和谈。同时，中国积极与国际社会一道开展斡旋，为冲突双方和谈发挥建设性作用。中国虽然是俄罗斯的战略合作伙伴，但是中国却并未在俄乌冲突中拉偏架。中国的做法体现了一个负责大国应有的态度。相反，美英等国表面反战、暗地里促战的手段，使俄乌冲突迟迟无法缓和。第二个就是防止出现大规模人道主义危机。中国在近代曾饱受战乱，深知平民才是受战争迫害最深的群体。虽然俄乌冲突爆发，作为进攻方的俄军保持了相当的克制态度，但是枪弹无眼，随着战火蔓延到大城市，治安失效、生活必需品供应中断、难民流离失所等问题都应该得到重视。而西方国家只知道向乌克兰援助军火，却极少关注乌克兰平民的生存问题，已经从侧面展现出西方国家的冷血态度。

为推动世界持久和平，中国还积极参与全球治理体系改革和建设。随着国际力量对比消长变化和全球性挑战日益增多，加强全球治理、推动全球治理体系改革和建设是大势所趋。中国是当代国际秩序参与者、维护者，也是改革者，努力为全球治理贡献中国智慧和力量。2014 年 3 月，中国国家主席习近平出席在荷兰海牙举行的第三届核安全峰会，首次提出"理性、协调、并进"的核安全观。2014 年 11 月，在北京举行的亚太经合组织第二十二次领导人非正式会议确立了共建面向未来的亚太伙伴关系，启动亚太自贸区进程，批准《亚太经合组织互联互通蓝图（2015—2025）》，在近30个领域共取得100多项合作成果。2016年9月，二十国集团领导人杭州峰会上，中国引导协调各方在创新增长、结构性改革、多边投资、气候变化、可持续发展等重要问题上制定出一系列指导原则和指标体系，发表《二十国集团领导人杭州峰会公报》，核准28份核心成果文件，有力推动二十国集团从危机应对向长效治理机制转型。中国还成功举办了亚信上海峰会、金砖国家领导人厦门会晤等主场外交活动。

近几年来，面对保护主义的抬头、单边霸凌的逆流，中国发挥大国作用，承担大国责任，支持全球化进程，坚守自由贸易体制，维护多边主义规则。从主场外交到国际会议，从政策宣示到务实举措，中国不断对外释放扩大开放的明确信号，提出构建创新、活力、联动、包容的世界，坚定地站在历史前进的正确一边，充分体现了中国的大国担当。

"一带一路"引领世界共同发展

一花独放不是春，百花齐放春满园。推动世界繁荣发展，是各国人民共同的愿望。在全球贸易保护主义和单边主义上升、逆全球化思潮抬头的背景下，中国推动共建"一带一路"，以实际行动践行大国担当精神和胸怀天下的情怀。

"一带一路"倡议的提出

2000多年前，中国人筚路蓝缕，穿越草原沙漠，开辟出联通亚欧非的陆上丝绸之路。与此同时，那时的中国人还扬帆远航，穿越惊涛骇浪，闯荡出连接东西方的海上丝绸之路。这就是古丝绸之路的源头。

万里丝路，千年梦萦。2013年秋，中国国家主席习近平提出了共建丝绸之路经济带和21世纪海上丝绸之路的倡议。2013年11月，"推进丝绸之路经济带、海上丝绸之路建设，形成全方位开放新格局"作为一项重大决策部署，写入中共十八届三中全会审议通过的《中共中央关于全面深化改革若干重大问题的决定》。2014年6月，中国国家主席习近平在中国—阿拉伯国家合作论坛第六届部长级会议上首次正式使用"一带一路"的提法，并对丝绸之路精神和"一带一路"建设应该坚持的原则作出系统阐述。"一带一路"建设作为一种全新的合作模式和共同繁荣发展的方案正式提出。

伴随着"一带一路"倡议的提出，"一带一路"建设规划也随即展开。2014年11月，"加强互联互通伙伴关系"东道主伙伴对话会在北京举行，中国国家主席习近平提出以亚洲国家为重点方向、以经济走廊为依托、以交通基础设施为突破、以建设融资平台为抓手、以人文交流为纽带的合作建议，指出互联互通是要建设全方位、立体化、网络状的大联通，是生机勃勃、群策群力的开放系统，进一步指明了"一带一路"建设的方向和路径。2015年3月，国家发展改革委、外交部、商务部联合发布了《推动共建丝绸之路经济带和21世纪海上丝绸之路的愿景与行动》，涵盖"一带一路"建设的时代背景、共建原则、框架思路、合作重点、合作机制等八大方面，坚持共商、共建、共享原则，努力实现政策沟通、设施联通、贸易畅通、资金融通、民心相通。至此，"一带一路"国际合作平台，以更清晰的轮廓展现在世人面前。

　　"一带一路"建设是中国扩大开放的重大战略举措，更是探索全球治理新模式、推动构建人类命运共同体的新平台，引起世界的普遍关注和响应。2017年5月，首届"一带一路"国际合作高峰论坛在北京召开。中国国家主席习近平出席开幕式并发表主旨演讲，强调要将"一带一路"建成和平之路、繁荣之路、开放之路、创新之路、文明之路。29个国家的元首和政府首脑出席论坛，140多个国家、80多个国际组织的1600多名代表参会。领导人圆桌峰会发表了联合公报，为推动各方合作共建"一带一路"取得广泛共识。

截至 2021 年年底，中国已与 147 个国家、32 个国际组织签署 200 多份共建"一带一路"合作文件，各方面工作取得积极进展。这再次说明，世界上大多数国家通过合作谋求发展的共识更加凝聚，寄望于"一带一路"合作增进人民福祉的愿望更加强烈。"一带一路"倡议，正以其推动世界共同繁荣发展的实际效果，赢得越来越多国家的支持。

"一带一路"百花园

随着"一带一路"倡议推进，沿线上一条条公路铁路、一处处桥梁隧道、一片片工厂园区、一座座医院学校在共建国纷纷落成，"一带一路"百花园呈现出勃勃生机，为全球经济复苏注入强心剂，发挥了不可替代的作用。

"一带一路"为世界合作抗疫提供有力支撑。新冠肺炎疫情暴发以来，中国秉持人类命运共同体理念，发挥全球抗疫物资最大供应国作用，向"一带一路"沿线国家提供力所能及的物资和技术援助，先后向世界绝大多数国家和国际组织提供大批紧急抗疫物资援助。当前，疫情仍在蔓延，合作战疫是"一带一路"沿线国家最紧迫的任务，中国企业已与多个国家合作开展疫苗合作，并已取得重要进展。中国已多次表示，疫苗研发完成并投入使用后将作为全球公共产品，为疫苗在发展中国家的可及性和可负担性作出贡献，而"一带一路"合作伙伴必将从中受益。

"一带一路"为世界经济发展注入强劲动力。在全球经济衰退的大背景下，中方与"一带一路"伙伴国家的贸易投资合作却实现逆势增长。2021 年，中国与沿线国家货物贸易额 11.6 万亿元，创 8 年来新高，同比增长 23.6%，占中国外贸总额的比重已达到 30% 左右。2021 年，中国对"一带一路"沿线国家直接投资 1384.5 亿元，同比增长 7.9%，占对外投资总额的比重达 14.8%；沿线国家企业对中国直接投资首次超百亿美元，达 112.5 亿美元，折合人民币 742.8 亿元。中国与沿线国家之间贸易和投资的提升推动了产业的集聚发展，创造了就业，带来了税收，有效拉动了各国的经济增长。

俄罗斯人民友谊大学教授尤里·塔夫罗夫斯基认为，疫情对发展中国家的冲击最为严重，许多国家对开展"一带一路"框架下的合作寄予厚望。中国在"十四五"规划和 2035 年远景目标建议中提出，加快构建以国内大循环为主体，国内国际双循环相互促进的新发展格局，为高质量共建"一带一路"提供强劲动力。可以预测，随着未来中国进口需求进一步扩大，伙伴国经济增长将获得越来越多的机遇。

"一带一路"为世界各国互联互通创造更多发展机

遇。作为共建"一带一路"的主线，互联互通在打破制约经济发展瓶颈、带动相关产业发展、增强各国发展动力方面有着重要作用。近年来，"一带一路"在加快基础设施联通方面持续发力。截至2021年年底，中国企业在沿线国家承包工程完成营业额5785.7亿元，占对外承包工程总额的57.9%。一批"小而美"的减贫、卫生、教育、体育等民生领域援助项目落地见效，援非洲疾控中心等项目顺利实施，中国老挝铁路全线隧道实现贯通，印度尼西亚雅万高铁建设实现节点目标，巴基斯坦拉合尔轨道交通橙线项目运营通车……一批重大项目进展顺利。正如塞尔维亚前外长武克·耶雷米奇所说，疫情造成人与人、国与国之间暂时的物理隔阂，而"一带一路"倡议恰恰在推动人与人之间、社会与社会之间的联结。在新发展格局下，中国坚持创新驱动发展，全面塑造发展新优势，寻求经济高质量发展，这一发展思路符合沿线国家提升经济发展水平，孵化新经济增长点的需求，将更好对接各国发展战略。未来，沿线国家还有望在智慧城市、5G、人工智能等领域打造更多新的合作亮点，共建后疫情时代的"数字丝绸之路"。

　　时至今日，"一带一路"倡议得到越来越多国家的欢迎，已经成为世界上最受青睐的公共产品和最大规模的合作平台，成为推动世界共同繁荣发展的合作平台。

"一带一路"让所有参与方获得了实实在在的好处，受到越来越多国家和地区的认同和欢迎。但国际上也出现了一些杂音，有的妄称这是"中国版马歇尔计划"，也有的将其抹黑为"新殖民主义"。事实不容扭曲，公道自在人心。正如联合国秘书长古特雷斯所说，共建"一带一路"倡议与联合国 2030 年可持续发展议程方向高度一致，都是向世界提供的公共产品。中国人民为人类和平与发展作贡献的真诚愿望和实际行动，任何人都不应该误读，更不应该曲解。

进入新时代以来，在习近平新时代中国特色社会主义思想指引下，中国坚定不移致力于走和平发展道路，推动构建新型国际关系，积极构建全球伙伴关系网络，参与全球治理体系改革和建设，推动共建"一带一路"，倡导构建人类命运共同体，得到了世界上绝大多数国家的高度认可。世界好，中国才能好；中国好，世界才更好。面对未来，中国将以习近平外交思想为指导，一如既往为世界和平、发展、繁荣作出贡献。

第 10 章
在全面深化改革中走向未来

　　过去数十年发展经验表明，没有改革开放，就没有中国的今天。进入新时代后，中国为何吹响全面深化改革的时代号角？这次划时代的改革对中国产生了哪些深远的影响？为什么说中国走向强大依然离不开继续改革？

改革开放是当代中国发展进步的活力之源，是中国大踏步赶上时代前进步伐的重要法宝，也是坚持和发展中国特色社会主义的必由之路。过去数十年发展经验表明，没有改革开放，就没有中国的今天。站在新时代的历史起点上，唯有不断全面深化改革，破除前进道路上的藩篱，中国才能走向更加美好、更加强大的未来。

中国大踏步赶上了时代

抓住历史机遇，赶上时代潮流，加快发展步伐，是中国共产党实行改革开放政策的逻辑起点，也是中国共产党的一次伟大觉醒。

20世纪70年代末，由于"文化大革命"十年内乱，中国的经济濒临崩溃的边缘，人民温饱都成问题，国家建设百业待兴。而这一时期，世界经济快速发展，科技进步日新月异，西方资本主义国家、中国周边一些国家和地区抓住机遇，实现了经济科技迅速发展。中国与发达国家、发达地区的差距明显拉大。

在党和国家面临何去何从的重大历史关头，邓小平振聋发聩地指出：如果现在再不实行改革，我们的现代化事业和社会主义事业就会被葬送。一场新的伟大变革

呼之欲出。1978 年年底，中共十一届三中全会冲破长期
"左"的错误的严重束缚，顺应人民的意愿和时代的潮
流，作出把党和国家工作重点转移到经济建设上来、实
行改革开放的历史性决策，实现了新中国成立以来党的
历史上具有深远意义的伟大转折。由此，中国踏上了改
革开放的新大道。

改革的车轮势不可挡

实行改革开放后，中国从农村到城市、从经济领域
到其他各领域，全面改革的进程势不可挡地渐进展开，
犹如一幅徐徐展开的时代画卷。

中国的改革首先在农村取得突破。

20 世纪 80 年代初，包产到户、包干到户的"双包"
责任制在中国农村迅速推广，特别是家庭联产承包责任
制最受农民欢迎。这种经营方式将生产成果和农业生产
者的利益更直接地联系起来，不仅克服了以往分配中的
平均主义弊病，而且简便易行，成为改革开放以来中国
农业的基本经营制度。家庭联产承包责任制充分调动了
农民的生产积极性，农业生产不断上新台阶。从 1979 年
到 1984 年，农业总产值年均增长 8.9%，人均占有粮食由
1978 年的 319 公斤增加到 1984 年的 395.5 公斤，主要农
业副产品产量大幅度增长，人民生活得到明显改善。农

村改革的成功，坚定了全党和全国人民对于改革的信心，起到了示范效应。

　　随着农村改革的成功推进，中国的城市经济体制改革也随之快速启动。由于长期计划经济体制的影响，城市改革相对于农村而言，需要解决的问题更为复杂。于是，城市改革以试点的方式进行，借鉴农村改革成功经验，首先从扩大企业自主权开始，然后扩大试点范围，陆续进行企业经营责任制和所有制结构等方面的改革，逐步打破单一的所有制经济，实现经济形式的多样化。20世纪80年代和90年代，随着改革开放的逐步深入，中国广泛借鉴人类文明发展成果，在实践中不断探索适合本国国情和发展实际的经济理论和经济发展模式，创造性地提出建立社会主义市场经济体制，使市场在国家宏观调控下对资源配置起基础性作用。

　　市场化改革目标明确后，中国开始运用实践中形成的一整套经济理论和经济模式，开始对国有企业及金融、财税、投资、价格、外贸、商业、劳动、教育、卫生、交通等各领域进行全方位的改革。伴随着全面改革的展开，中国的社会主义市场经济体制在实践中初步建立起来，并进入不断自我完善的新阶段。

对外开放的大门越来越宽

中国的改革与开放是相伴而生的。改革开放后，中国从沿海到沿江、沿边，从东部到中西部，对外开放的大门敞开了，中国和世界的联系日益紧密起来。

历史上，中国曾经是一个封闭半封闭的国家，也因此曾一次次地失去发展机遇，落后于人。自 1978 年底起，中国把对外开放作为基本国策，从此中国开始融入世界的发展潮流。

中国的对外开放首先从创建经济特区开始。1980 年，在位于中国南部和东南部广东、福建两省的深圳、珠海、汕头、厦门设置经济特区。在特区快速发展的示范下，对外开放步伐不断加快，逐步形成多层次、有重点、点面结合的对外开放格局。1984 年，中国正式对外开放大连、秦皇岛、天津、烟台、青岛、连云港、南通、上海、宁波、温州、福州、广州、湛江、北海等 14 个沿海港口城市。1985 年，又将长江三角洲、珠江三角洲、闽南厦（门）漳（州）泉（州）三角地区和辽东半岛、胶东半岛开辟为沿海经济开放区，通过加速沿海地区发展带动内地经济发展。1988 年，建立海南省，使之成为中国最大的经济特区。至此，中国从南到北就形成了由 5 个经济特区、14 个沿海开放城市、3 个沿海开放区、2 个开放的半岛和海南省构成的辽阔的对外开放地带。1990 年，中国正式开发开放上海浦东新区，短短几年间，一个外向型、多功能、现代化的新城区奇迹般地崛起，带动了全上海以及长江三角洲和整个长江流域经济的发展。

1992 年邓小平南方谈话后，中国对外开放迈出更大步伐。就这一年，中国北方的边境城市黑河、绥芬河、珲春和满洲里对外开放。同时，一些沿海开放城市开始建立保税区，实行比经济特区更加灵活、优惠的政策，按照国际惯例运作；批准近 60 个市、县、镇为对外开放地区；长江沿岸的 10 个主要中心城市也全部对外开放。到 20 世纪 90 年代中后期，中国已形成了全方位、宽领域、多层次的对外开放格局。

刚刚踏入新世纪，经过长达 15 年的艰难谈判，中国于 2001 年 11 月 10 日正式加入世界贸易组织。加入世界贸易组织，是中国对外开放过程中一件意义重大的事情。加入世贸组织进一步拓宽了中国对外开放的领域和空间。中国由区域性的对外开放转变为全方位对外开放，开放领域由传统的货物贸易向服务贸易延伸，市场准入条件更加法制化、更加透明和规范。

加入世贸组织后，中国的经济犹如插上了腾飞的翅膀，经济实力不断迈上新台阶。2021 年是中国加入世贸组织的第 20 个年头。20 年来，中国经济总量从世界第六位上升到第二位，货物贸易从世界第六位上升到第一位，服务贸易从世界第十一位上升到第二位，利用外资稳居发展中国家首位，对外直接投资从世界第二十六位上升到第一位。可以说，中国加入世贸组织，激活了中国发展的澎湃春潮，也激活了世界经济的一池春水。

这场历史上从未有过的大改革大开放，深刻改变了中国，推动中国发生了翻天覆地的变化。改革开放像浩荡的春潮，涌动神州大地。从农村到城市，从沿海到内地，从传统的计划经济体制到社会主义市场经济体制，从"打开国门"到"全方位开放"，改革开放成为当代中国最显著的特征、最壮丽的气象。

吹响全面深化改革的时代号角

当改革开放走过 30 多个年头，中国经济社会发展取得巨大成就，国内外环境也发生了极为广泛而深刻的变化。诺贝尔经济学奖得主斯蒂格利茨曾形象地说过，中国已经走出改革初期的浅滩阶段，正站在大河中央，选择彼岸的到岸位置。中国改革又处在一个十字路口，何去何从？

改革再出发

进入新时代后，中国的改革已走出浅滩区，开始进入攻坚期和深水区。那些容易的、皆大欢喜的改革已经完成了，好吃的肉都吃掉了，剩下的都是难啃的硬骨头，面对的暗礁、潜流、漩涡也越来越多。改革涵盖的领域愈加广泛、触及利益格局的调整愈加深刻、涉及的矛盾和问题愈加尖锐、突破体制机制的障碍愈加艰巨，继续推进改革的复杂性、敏感性、联动性前所未有。

可以说，此时的中国进一步推进改革的复杂度、敏感度、艰巨度，一点也不亚于 30 多年前。过往的历史告诉人们，改革开放中的矛盾只能用改革开放的办法来解决。中国要前进、要发展，就必须继续改革，而且必须全面深化改革。除此之外，别无他途。

正当改革开放处于新的历史关头，2013 年 11 月，中共十八届三中全会召开，专题研究全面深化改革问题。这次全会通过的《中共中央关于全面深化改革若干重大问题的决定》紧紧围绕经济、政治、文化、社会、生态文明、党建等六大改革主线，涵盖了 15 个领域，包括 60 个具体任务。这个《决定》对全面深化改革作出了合理的布局，为改革规划了时间表和路线图，为中国的全面深化改革绘制了细致的蓝图，指明了改革前进的方向。

　　这次具有划时代意义的全会，不仅在国内产生了巨大反响，在世界范围内也引起了轰动。中共十八届三中全会闭幕后，世界媒体纷纷给予高度关注，积极评价会议释放出的重要改革信号，报道了大量有关十八届三中全会的信息。英国《金融时报》称，中共十八届三中全会确定了中国未来五至十年经济政策路线。中国领导人对于改革的热情不容低估。中国未来可能会更加重视国内消费、金融创新，并为经济增长提供新的动力。美国《华盛顿邮报》则指出，中共十八届三中全会公报是中国朝新方向迈出的一步，承认市场在资源配置中起决定性作用是重大变革，全面深化改革领导小组将是非常重要和有影响力的机构。德国《世界报》称，全世界都在关注中国经济的增长速度。中国经济的增速不再只同中国人民的生活密切相关，就连德国也从未如此依赖中国的经济发展。中国领导层承诺将在新的历史起点上全面深化改革，中共十八届三中全会作出了受到中国人民欢迎、世界投资者期待的改革决策。

　　以中共十八届三中全会为标志，中国的改革在新的历史起点上再出发，中国也由此进入全面深化改革的历史新阶段。

全面深化改革的顶层设计

在中国，无论是搞改革开放，还是搞社会主义市场经济，都没有现成经验，只能摸着石头过河，从实践中获得经验、探索真知。事实上，过去数十年来，中国的改革开放就是这样走过来的，是一个先试验、后总结、再推广不断积累的过程，是从农村到城市、从沿海到内地，一步一步走到今天。

中国改革开放成功的实践证明，这种渐进式改革，避免了因情况不明、举措不当而引起的巨大社会动荡，为稳步推进改革、顺利实现改革目标提供了保证。反观有些国家搞所谓"休克疗法"，结果引起了剧烈政治动荡和社会动乱，这方面的教训十分深刻。

但是，随着中国的改革进入深水区，仅仅靠摸着石头过河的方法已经不行了，还必须得加强改革的顶层设计。正如人们盖房子，总要先有个施工图，摆布好四梁八柱，明确好门窗位置，然后才进行施工。全面深化改革作为一个复杂的系统工程，涉及党和国家工作全局，既涉及生产力又涉及生产关系，既涉及经济基础又涉及上层建筑，涉及经济社会发展各领域，涉及许多重大理论问题和实际问题。因而，全面深化改革不仅需要摸着石头过河，也必须有一个施工图，需要进行顶层设计。

所谓顶层设计，就是在改革中更加注重整体谋划，把推进经济、政治、文化、社会、生态文明、党的建设等各方面改革有机衔接起来，把推进理论创新、制度创新、科技创新、文化创新以及其他各方面创新有机衔接起来，整体推进，重点突破，才能防止畸重畸轻、单兵突进、顾此失彼，才能保证各项改革的相互促进、良性互动，形成全面推进改革的强大合力。

从顶层设计来看，全面深化改革不仅提出了改革的总目标，即完善和发展中国特色社会主义制度、推进国家治理体系和治理能力现代化，而且提出了全面深化改革的实施方案。

全面深化改革的具体实施方案，主要包括七个方面。

一是经济体制改革是全面深化改革的重中之重。经济体制改革是全面深化改革的重点，核心问题是处理好政府和市场的关系，使市场在资源配置中起决定性作用和更好发挥政府作用。

二是政治体制改革放在全面深化改革的整体部署和总体战略中。紧紧围绕坚持党的领导、人民当家作主、依法治国的有机统一，深化政治体制改革，加快推进社会主义民主政治制度化、规范化、程序化。新的历史条件下，坚定不移地走中国特色社会主义发展道路，发展社会主义民主政治，加强社会主义民主制度建设，推进依法治国进程，建设社会主义法治国家，推动人民代表大会与时俱进，推动协商民主制度的发展，推动基层民主制度的完善。

三是文化体制改革是全面深化改革的重要组成部分。文化体制改革必须坚持社会主义先进文化的前进方向，坚持中国特色社会主义文化的发展道路，突出社会主义核心价值体系的主导作用，推动文化体制改革迈上新台阶。

四是社会体制改革是全面深化改革的攻坚方向。社会体制改革的目标是建立健全中国特色社会主义社会体制，其基本框架包括政府切实履行社会服务和管理职责，公众积极参与各项社会事务，自治和他治协调配合，法治保障坚实有力。

五是生态文明体制改革是全面深化改革的迫切任务。深化生态文明体制改革，必须围绕建设美丽中国这一主题，推动形成人与自然和谐发展现代化建设新格局，进一步明确全面深化生态文明体制改革的时代背景、战略重点、推进方式和发展目标，为建设美丽中国、为生态文明建设的全面深入推进指明方向。

六是国防和军队体制改革置于全面深化改革的突出地位。紧紧围绕建设一支听党指挥、能打胜仗、作风优良的人民军队的目标，切实解决制约国防和军队建设的突出问题，创新发展军事理论，加强军事战略指导，完善新时期军事战略方针，构建中国特色现代军事力量体系。

七是深化党的建设制度改革作为全面深化改革的重要内容。把党的建设制度改革同经济体制、政治体制、文化体制、社会体制、生态文明体制改革一起进行整体部署。深化党的建设制度改革，着眼点正是提高党的科学执政、民主执政、依法执政水平，出发点和落脚点正是保证全面深化改革顺利推进。

由此可见，这次全面深化改革，格外注重顶层设计，注重改革的系统性、整体性和协同性，推动全局和局部相配套，治本和治标相结合，渐进和突破相衔接，促使各项改革相互促进，形成良性互动，整体推进和重点突破，使得全面深化改革既具有可行性又具有强大的合力。

设立高规格的改革领导机构

正如前文所述，随着中国的改革进入深水区，很多矛盾盘根错节，可以说牵一发而动全身。解决如此复杂的改革问题，既要摸着石头过河，更要加强顶层设计，这就需要有一个更高的权威机构进行统筹协调，以确保全面深化改革的各项任务落到实处。

正是居于这样的考量，2013 年年底，中共中央政治局召开会议，决定成立由习近平总书记亲自担任组长的中央全面深化改革领导小组。中共中央全面深化改革领导小组下设 6 个专项小组，即经济体制和生态文明体制改革小组、民主法制领域改革小组、文化体制改革小组、社会体制改革小组、党的建设制度改革小组、纪律检查体制改革小组。

领导小组的主要任务，就是定期审议重大改革方案，深入评估方案的可行性、可操作性和存在的问题风险，明确政治底线和社会稳定底线等，重大问题提请中央政治局常委会会议、中央政治局会议审议，确保重大改革论证充分、决策科学。同时，领导小组重点抓具有结构支撑作用的重大改革，选择牵一发而动全身的关键问题作为突破口，并对一些重大问题开展试点探路。这些详细而明确的规定，充分地彰显党中央推进改革的决心、力度和自信。

随后不久，中央全面深化改革领导小组审议通过《党的十八届三中全会重要改革举措实施规划（2014—2020 年）》，逐项明确了 336 项重要举措的目标、路径、时间节点和可检验的成果形式，为全面深化改革绘制了完整系统的大施工图。由此，全面深化改革逐步展开，并日益走向深入。

伴随着改革进入更深的深水区，原有的全面深化改

革领导小组等机构设置已无法适应新的形势。2018 年 3
月，中央全面深化改革领导小组、中央网络安全和信息
化领导小组、中央财经领导小组、中央外事工作领导小
组分别改为中央全面深化改革委员会、中央网络安全和
信息化委员会、中央财经委员会、中央外事工作委员会，
负责相关领域重大工作的顶层设计、总体布局、统筹协
调、整体推进、督促落实。这对于加强党中央对涉及党
和国家事业全局的重大工作的集中统一领导，进一步强
化这些机构的决策和统筹协调职责，十分及时又十分
必要。

自成立以来，全面深化改革领导机构以务实的工作
作风，一手抓审议具有标志性的重要改革议题，一手抓
研究部署各领域改革的协调推进，推动改革工作有力、
有序、有效开展。全面深化改革的步伐，在这样一个又
一个工作节点的清晰标注下，扎实稳健向前迈进。

全面深化改革取得历史性成就

中共十八届三中全会吹响了改革再出发的时代号角，
谱写了全面深化改革的新篇章，中国的改革开放进入新
的历史阶段，取得了历史性成就。

回头看这次改革的历程，党中央充分发挥了举旗定

向、谋篇布局的关键性作用，作出了关于全面深化改革的重大战略决策和部署。截至 2020 年年底，习近平总书记亲自主持召开 40 次中央全面深化改革领导小组会议和 17 次中央全面深化改革委员会会议，审议通过 500 多个重要改革文件，推出 2000 多项改革方案。

在习近平总书记的亲自领导下，全面深化改革大刀阔斧、攻坚克难，呈现出全面发力、多点突破、蹄疾步稳、纵深推进的局面，完成了改革的既定目标任务，解决了许多长期想解决而没有解决的难题，办成了许多过去想办而没有办成的大事，开创了以全面深化改革推动党和国家各项事业的新局面。

这次改革的成就是深层次的、划时代的，具体体现在多个层面。

党的思想理论的深刻变革。理论创新的思想坐标，往往源于脚步的丈量。习近平总书记国内考察的足迹从沿海到内地、从城市到乡村，全面深化改革是他调研中最关注的主题之一。启动全面深化改革的几年来，习近平总书记和党中央在体察世情民意、基层所需中把准改革脉搏、认识改革规律，提出一系列具有突破性、战略性、指导性的重要思想和重大论断，科学回答在新时代为什么要全面深化改革、怎样全面深化改革等一系列重大理论和实践问题。实践证明，以思想理论创新引领改革实践创新，以总结实践经验推动思想理论丰富和发展，就能够书写中国改革新的时代篇章。

党的领导方式和领导体制的深刻变革。越是壮阔的征程，越需要领航的力量；越是复杂的改革，越需要系统的思维。从中央全面深化改革领导小组改为委员会，到健全党对重大工作领导体制机制，充分体现了党中央对全面深化改革的高度重视。启动全面深化改革的几年来，在党中央的集中统一领导下，全面深化改革从前期夯基垒台、立柱架梁，到中期全面推进、积厚成势，再到现阶段加强系统集成、协同高效，蹄疾步稳、有力有序解决各领域各方面体制性障碍、机制性梗阻、政策性创新问题，实现由局部探索、破冰突围到系统协调、全面深化的历史性转变。可以说，充分发挥党总揽全局、协调各方的领导核心作用，以全局观念和系统思维谋划推进改革，就能保证方向目标清晰，战略部署明确，方法路径高效。

国家制度和治理体系的深刻变革。任何一项改革，都是对制度的调整、治理的创新，最终都要以制度形式固定延续下来。启动全面深化改革的几年来，无论是国家机构改革等重大举措，还是简政放权等具体安排，抑或是自贸试验区等试点方案，聆听全面深化改革激荡的变革交响，"中国之治"堪称最响亮的乐章。正是始终突出制度建设这条主线，在抗击新冠肺炎疫情、决胜全面建成小康社会、决战脱贫攻坚、"十三五"规划实施、每年的经济工作等进程中，制度建设发挥了重要作用，改革的关键一招作用充分彰显。

中国人民广泛参与的深刻变革。一切改革的实施，归根结底都是为了人民；一切改革的推进，都离不开人民的力量。启动全面深化改革的几年来，老百姓关心什么、期盼什么，改革就抓住什么、推进什么，以人民为中心的发展思想，深深铭刻在改革的设计与落实中，也深深烙印在促进社会公平正义、增进人民福祉中。改革实践证明，坚持加强党的领导和尊重人民首创精神相结合，坚持顶层设计和摸着石头过河相协调，坚持试点先行和全面推进相促进，就能促进全社会形成改革创新活力竞相迸发、充分涌流的生动局面，不断增强人民获得感、幸福感、安全感。

与此同时，党和国家其他领域的事业都发生了深刻变革。建立健全城乡融合发展体制机制和政策体系，加快建立同高质量发展要求相适应的宏观调控体系；推动自由贸易试验区改革创新，支持海南全面深化改革开放，支持河北雄安新区先行先试、率先突破，支持深圳建设中国特色社会主义先行示范区，支持浙江高质量发展建设共同富裕示范区；推进国有资本投资、运营公司改革试点，加强非金融企业投资金融机构监管，在上海证券交易所设立科创板并试点注册制，推进公共资源交易平台整合共享，扩大高校和科研院所科研自主权；实施国家职业教育改革，开展国家产教融合建设试点，完善教育督导体制机制；改革医疗卫生行业综合监管制度，改革和完善疫苗管理体制，开展区域医疗中心建设试点等一系列重大改革举措相继出台；深化司法体制综合配套改革，推动改革实现新的突破性进展；加快形成生态文明制度体系，推动生态环境状况明显好转；深化党和国家机构改革，推动国家治理体系现代化。

近些年来，深化国防和军队改革蹄疾步稳，人民军队实现了整体性、革命性的重塑，基本形成新的"四梁八柱"拔地而起，军委管总、战区主战、军种主建的格局；军队由数量规模型向质量效能型转变，部队编成向充实、合成、多能、灵活方向发展；依法治军、从严治军，中国特色社会主义军事政策制度体系逐步完善。

总而言之，随着全面深化改革取得历史性成就，中国特色社会主义制度更加完善，国家治理体系和治理能力现代化水平明显提高，全社会发展活力和创新活力充分焕发，人民群众获得感、幸福感、安全感与日俱增。

改革走向未来

正如习近平总书记所说，中国现在所处的，是一个船到中流浪更急、人到半山路更陡的时候，是一个愈进愈难、愈进愈险而又不进则退、非进不可的时候。尽管改革开放已走过千山万水，但仍需跋山涉水，一刻不能停歇。

中国的发展任务依然很重

经过 40 多年的改革开放，中国经济社会实现了巨大而迅猛的发展，从而推动中国特色社会主义进入新时代。新时代以来，中国社会主要矛盾发生了很大变化，这是中国社会发展在新时代、新发展阶段所呈现出的新特征和新挑战，但中国的基本国情和国际地位没有变化，中国依然是一个发展中的大国。

毫无疑问，中国已经摆脱了贫困，并追求走向发达之路，但其进程并非一马平川，而是呈现出复杂的矛盾和特征。世界经验表明，一个发展中国家的现代化过程，就是消除贫困、摆脱落后并进一步提高发展水平、实现发达的过程。

但是，与已经实现了现代化的西方国家相比较，中国由于具有自身特殊的国情，中国的现代化进程既是一个工业化、城镇化、规模化不断加速的过程，又是欠发达与较发达互补的过程，更是不平衡与不充分共存的过程。中国独特的现代化路径，更好地说明中国的发展之路还很长，中国的发展任务依然很重。

中国 GDP 规模自 2010 年以来位居世界第二位，中国的国际竞争力排名不断提升，2008 年为世界第 30 位、2009 年为第 29 位、2010 年至 2011 年为第 27 位、2011 年至 2012 年为第 26 位，是金砖国家唯一进入前 30 位的。2020 年中国的人均 GDP 更是在历史上首次超过俄罗斯、阿根廷等国，2021 年中国的人均 GDP 达到了 1.25 万美元这个中高端门槛。这些指标虽然表明中国总体经济水平已进入世界前列，似乎难以定位为一般意义上的发展中国家，但是其他的指标却表明中国仍处于世界发展后列。比如，从经济社会发展平衡性的角度看，发达国家内部发展较为平衡，城乡之间、区域之间差距较小；而中国仍处在发展失衡突出的阶段，城乡之间、区域之间、社会阶层之间的差距较大，有些方面的差距甚至还在扩大，不平衡不充分的发展矛盾突出，具有发展中国家的典型特征。

如果以 2020 年联合国开发计划署发布的人类发展指数为依据、分省份看中国各省级行政区的发展水平的话，可以很直接地发现，中国目前只有香港地区、澳门地区、台湾地区已达到世界前列的极高发展水平，北京市、上海市、天津市、江苏省、广东省和浙江省这 6 个省市发展水平进入了发达经济体的中下等行列，除此之外的 25 个省级行政区仍处于发展中经济体水平，其中贵州省、云南省和西藏自治区更是尚处于发展经济体的中等水平。这也表明，中国中西部地区尤其是广大农村地区，还存在着大量的欠发达情况。

中国发展面临的严峻挑战，不仅体现在经济社会层面，更深刻地体现在科技创新上。无论从什么角度来说，中国要实现现代化，必须建设世界科技强国，这就一定要解决好科技领域存在的"卡脖子"问题，大力发展科学技术并推进科技产业化规模化，努力成为世界主要科学中心和创新高地，不断提升在全球产业链中所处的位置。

由此可见，中国要完成从发展中国家到发达国家的质变，还有很多量变的过程需要逐步积累，还有很多自身的发展问题需要解决，必须集中精力聚焦经济社会建设、努力解决国内发展问题。

当然，在看到中国发展面临的挑战的同时，也要看到中国的发展的巨大潜力和长期优势。中国改革开放的巨大成功，意味着中国已经探索出中国特色社会主义道路，已经找到了实现可持续发展的正确途径和社会长期有效运转的治理模式。

从静态国际比较上看，发展不平衡、不充分是中国的不足，但从另一个角度看也是中国的发展优势和潜力所在，可以通过改善不平衡、不充分的问题，实现进一步的发展。在当代中国，一些优先发展起来的沿海发达省份，很多领域在体制、科技、市场、产业发展、消费升级等诸多方面，逐渐赶上甚至超过了世界先进水平，为国家的整体发展形成了示范效应和引领作用，而发展较慢的地区则有生产要素上的比较优势，可以通过国家和先进地区的扶持和带动形成跨越式的发展。虽然中国的人均 GDP 还处于中等收入发展中国家的水平，但是中国作为一个有着 14 亿人口的大国，经济总量是巨大的，如果说改革开放初期，在集中力量办大事方面已经比其他发展中国家有了一些优势，那么到了现在，这种优势就更加凸显出来，为中国的高质量发展和解决经济社会发展的短板问题提供了有力的支持。

从另外一个视角来看，中国 14 亿人口所形成的统一而广泛的市场规模，无论在水平上还是在范围上，都还有非常大的提升空间，已经形成了 4 亿多人口规模的中等收入群体，中国国内市场的消费需求将在可预见的年限内很快超过美国，成为世界国内消费市场第一大的国家。

在国际上，随着"一带一路"倡议在世界各国得到广泛响应，加上对外经济合作的升级，中国在全球经济中的地位将不断提升。而从供给侧看，中国通过供给侧结构性改革，在经济体制、经济结构、收入分配等领域进行了一系列深化改革，极大地改善了高质量发展环境，为未来经济长期稳定增长筑牢坚实的基础。

尽管中国面临的发展任务很重，挑战也很多，但是中国完全有信心实现自己的发展目标。可以预见，中国完全能够避免很多中等收入国家所出现过的经济徘徊的老路，通过不断地突破壁垒取得更大发展，从一个发展中国家逐步发展成为发达国家，并最终全面建成社会主义现代化强国。

发展的问题需要靠改革来解决

世界在发展，社会在进步，不实行改革开放死路一条。面对繁重的发展任务，必须从中国的国情出发，既不走封闭僵化的老路，也不走改旗易帜的邪路，从容地继续推进全面深化改革，确保改革开放这艘航船沿着正确航向破浪前行。

做好中国的事情，关键在党，关键在党的领导干部。同样的道理，继续推进全面深化改革，做好发展这篇大文章，领导干部是关键的关键。随着全面深化改革向纵深推进，不可避免触及深层次利益格局和社会关系，遇到的阻力越来越大，面对的暗礁、潜流、漩涡越来越多，更需要敢于啃硬骨头、敢于涉险滩的勇气与担当。

用改革的办法解决发展问题，需要有将改革进行到底的定力和决心。习近平总书记曾讲过这样一个故事：清代守钱塘大堤的塘官，当时是四品官，与知府享受一样的待遇，待遇很高；但是有一条，就是不能决堤，如果决了堤，不等皇帝来找他算账，他就跳塘自尽了。当年的封建官吏尚且如此，作为共产党的领导干部，更应该敢于负责，敢于担当，敢闯敢试敢为人先，不断推动改革。

推进全面深化改革，光有决心是不行的，还得要埋头苦干、脚踏实地。中国共产党百年奋斗经验表明，中国共产党最难能可贵之处，就在于她始终发扬实干苦干的优良作风，一张蓝图绘到底，一任接着一任干，推动中国从站起来到富起来再到强起来。每一个中国人、每一名共产党员，尤其是党的领导干部应该铭记党的优良传统，拿出抓铁有痕、踏石留印的韧劲，持之以恒抓改革落实，扭住改革的关键环节，以实打实、硬碰硬的工作实效推进改革部署从"最先一公里"快速起步，在

"最后一公里"落地生根。

推动发展,搞好改革,更离不开营造鼓励改革、支持改革的良好环境。有了良好的外部环境,人们才能够在推进改革的过程中安心、安身、安业。这就需要尊重和发挥地方、基层、群众首创精神,鼓励创新、表扬先进,最大程度地调动亿万人民群众的积极性、主动性、创造性。同时,注重强化敢于担当、攻坚克难的用人导向,充分发挥干部考核评价的激励鞭策作用,在改革第一线考察干部,让有为者有位、让无为者失位,激励干部勇挑重担;建立容错纠错机制,准确把握"三个区分开来",即"把干部在推进改革中因缺乏经验、先行先试出现的失误和错误,同明知故犯的违纪违法行为区分开来;把上级尚无明确限制的探索性试验中的失误和错误,同上级明令禁止后依然我行我素的违纪违法行为区分开来;把为推动发展的无意过失,同为谋取私利的违纪违法行为区分开来"。严格划分"失误、错误"与"违纪、违法"的界线,为担当者担当,为干事者撑腰。加强改革宣传和舆论引导,推动全社会形成想改革、敢改革、善改革的良好风尚。

翻过一山又一山,快马加鞭未下鞍。如今,改革又到了一个新的重大关头,遇到的很多都是前所未有的新问题。因而，改革不能停歇，必须把深化改革攻坚同促进制度集成结合起来、把推进改革同防范化解重大风险结合起来、把激发创新活力同凝聚奋进力量结合起来，推动改革在新发展阶段打开新局面。

2021 年年初，电视剧《觉醒年代》热播，这部讲述百年前"超燃创业史"的剧集引发无数网友泪目。其中一组热评戳人心扉："《觉醒年代》有续集吗？""你现在的幸福生活就是续集！"新的历史起点上，在继续全面深化改革中，向全面建成社会主义现代化强国迈进，就是在为党的"超燃创业史"谱写"续集"。

结语：通往中国式现代化道路

　　新时代有两个重要任务：一个是全面建成小康社会，这个目标已经实现；另一个是全面建成社会主义现代化强国，这是未来二三十年要完成的事情。

　　从现代化的起步而言，最早可以追溯到 18 世纪中叶英国开启的工业革命，随后扩及其他欧洲国家和北美洲。进入 19 世纪和 20 世纪，南美、亚洲和非洲大陆等后发展地区大多数国家是在西方武力威逼下，被动纳入西方现代化道路范式。

　　20 世纪之初，西方现代化在中国屡屡碰壁，第一次世界大战暴露了西方文明的阴暗面，加上俄国十月革命的胜利，所有这些使得中国先进分子对西方现代化道路产生了疑问甚至是失望，因而他们开始把现代化目标由西方转向东方，重新选择中国现代化道路。

　　中国共产党成立后，尤其是新中国成立特别是改革开放以来，中国共产党和中国人民历经千辛万苦，用自己的心血和智慧，从理论和实践上不断深化对中国式现代化建设规律的探索，成功开创了中国式现代化道路。

　　进入新时代，中国共产党重新对现代化进行了新的规划与部署，提出到 2035 年基本实现现代化，到 2050 年完全实现现代化。这个宏伟的目标日益变成现实。现如今，中国的综合国力显著增强，世界范围的影响力越来越大，这不仅意味着中华民族迎来从站起来、富起来到强起来的伟大飞跃，而且意味着中国特色社会主义道路、理论、制度、文化的磅礴发展，即大大地拓展了中国走向现代化的路径，为世界上那些既希望加快发展又希望保持自身独立性的国家和民族提供了全新选择，为解决人类发展问题贡献了中国智慧和中国方案。

　　与近代以来前两次现代化相比较，中国共产党开启的现代化持续的时间最长，过程最完整，内容最丰富，效果最显著，也最接近成功的目标。可以说，新时代以来，中国的整体现代化已走完了大部分历程，达到相当的高度。这充分证明，中国式现代化道路符合中国国情，适应历史发展的潮流。

　　那么，与西方现代化道路相比较，作为世界上最大的发展中国家，中国的现代化具有较为独特的路径与模式，体现了人类实现现代化的共同价值。

　　中国的现代化，是人口规模巨大的现代化。迄今为止，全球能够称得上过上富裕日子的所谓发达国家的全部人口，加起来不过 10 亿人，而且他们的富裕生活是经过几百年工业化历程、消耗大量不可再生资源才换来的。中国共产党所追求的现代化是以人民为中心的现代化，我们仅仅用几十年时间，就让超过 14 亿的人口过上相对富裕的生活。在不断推进社会主义现代化建设的伟大实践中，完成了消除绝对贫困的艰巨任务，培育了 4 亿多中等收入群体；高等教育毛入学率达到 57% 左右，人均预期寿命达到 77.93 岁，建成了世界上规模最大的社会保障体系。当前，中国人民生活质量显著改善，社会保持和谐稳定，国家治理体系和治理能力达到新高度，发展成就举世瞩目。中国这个世界上最大发展中国家实现现代化，意味着比现在所有发达国家人口总和还要多的中国人民将进入现代化行列，这将彻底改写现代化的世界版图，必将成为人类历史上前所未有的壮举。

中国的现代化，是共同富裕的现代化。富裕是各国现代化追求的目标，但中国式现代化追求的是共同富裕。正如习近平总书记指出，共同富裕本身就是社会主义现代化的一个重要目标。共同富裕凸显了中国式现代化的社会主义性质，丰富了人类现代化的内涵。

改革开放以来，尤其是进入新时代，党中央把脱贫攻坚摆在治国理政的突出位置，组织开展了声势浩大的脱贫攻坚战。脱贫攻坚战已经取得全面胜利，现行标准下农村贫困人口全部脱贫，区域性整体贫困得到解决，创造了彪炳史册的人间奇迹。整体摆脱贫困，是社会主义中国迈向共同富裕的重要一步。如今，中国正在进行"共同富裕示范区"建设，目的在于探索破解当前社会主要矛盾的有效途径，为在全国实现共同富裕提供成功的"范例"。毫无疑问，在一个 14 亿多人口的大国实现全体人民共同富裕，是一项前无古人的伟大事业，需要新时代共产党人接续奋斗。

中国的现代化，是两个文明相协调的现代化。中国式现代化，不仅要求物质生活水平提高、家家仓廪实衣食足，而且要求精神文化生活丰富、人人知礼节明荣辱，是物质文明和精神文明相协调的现代化。这种现代化克服了资本主义现代化的先天性弊病，为其他发展中国家走向现代化提供中国方案。改革开放后，中国共产党创造性地提出了社会主义精神文明建设的战略任务，确定了"两手抓、两手都要硬"的战略方针。党的十八大以来，习近平总书记高度重视物质文明和精神文明协调发展，强调以辩证的、全面的、平衡的观点正确处理物质文明和精神文明的关系，只有物质文明建设和精神文明建设都搞好，国家物质力量和精神力量都增强，全国各族人民物质生活和精神生活都改善，中国特色社会主义事业才能顺利向前推进。中国现在已全面建成了小康社会，全体人民不仅物质生活水平显著提高，而且精神文化生活日益丰富。但是，中国人民对美好生活的需要是全方位、多层次的，不仅对物质生活提出了更高要求，而且对民主、法治、公平、正义、安全、环境等方面的要求日益增长，这决定了只有不断推动物质文明与精神文明协调发展，才能满足人民对美好生活的向往，才能真正支撑起现代化的大厦。

中国的现代化，是人与自然和谐共生的现代化。西方传统现代化在创造巨大物质财富的同时，也加速了对自然资源的攫取，打破了地球生态系统原有的循环和平衡。一些西方国家曾发生多起环境公害事件，损失巨大，震惊世界，引发人们对资本主义发展模式的深刻反思。

中国式现代化坚决抛弃轻视自然、支配自然、破坏自然的现代化模式，绝不走西方现代化的老路，而是坚定不移走生态优先、绿色发展之路，建设人与自然和谐共生的现代化。习近平总书记指出，我们要建设的现代化是人与自然和谐共生的现代化，既要创造更多物质财富和精神财富以满足人民日益增长的美好生活需要，也要提供更多优质生态产品以满足人民日益增长的优美生态环境需要。为建设人与自然和谐共生的现代化，中国提出力争2030年前实现碳达峰，2060年前实现碳中和，这是中国共产党经过深思熟虑作出的重大战略决策。在全面建设社会主义现代化国家新阶段，中国高度重视推动绿色低碳发展，建立健全绿色低碳循环发展经济体系，促进经济社会发展全面绿色转型；把实现减污降碳协同增效作为促进经济社会发展全面绿色转型的总抓手，加快推动产业结构、能源结构、交通运输结构、用地结构调整；推动经济社会发展建立在资源高效利用和绿色低碳发展的基础之上，以创新驱动经济、能源、产业结构转型升级，让良好生态环境成为经济社会可持续发展的支撑，为子孙后代留下美丽家园。

中国的现代化，是走和平发展的现代化。西方传统现代化，始于以国家推进反人类罪形式向海外进行的大规模殖民扩张。正是依靠大量掳掠来的海外财富，以及犯罪人口大量向殖民地移出，西方才得以完成资本原始积累，才逐步完成工业化、走向现代化。西方现代化道路充满了血腥与暴力，不具有可复制性。中华民族的血液中没有侵略他人、称王称霸的基因。中国没有走历史上一些国家依靠侵略和扩张实现崛起的老路，而是坚定致力于探索一条以和平方式实现国家发展和民族复兴的新路。20世纪70年代末以来，中国牢牢把握和平与发展这一时代主题，顺势而为，开启改革开放的伟大进程。经过长期不懈努力，我国已成为世界第二大经济体，对全球经济增长贡献率连续多年保持在30%左右。特别是党的十八大以来，在以习近平同志为核心的党中央坚强领导下，党和国家事业取得历史性成就、发生历史性变革。2021 年我国 GDP 超过 110 万亿元，我们如期打赢脱贫攻坚战、如期全面建成小康社会，创造了举世瞩目的现代化建设新成就，为全面建成社会主义现代化强国奠定了坚实基础。

可以说，中国的现代化成就，完全是靠中国共产党带领中国人民立足自身、艰苦奋斗、接续拼搏得来的，也是中国走和平发展道路的硕果。新中国成立 70 多年来，中国从没有主动挑起过任何一场战争和冲突。中国在坚定维护世界和平中谋求自身发展，又以自身发展更好维护世界和平。中国坚持开展对外援助，支持和帮助广大发展中国家消除贫困，是联合国维和行动第二大出资国和派出维和人员最多的联合国安理会常任理事国。当今世界正经历百年未有之大变局，中国积极倡导构建人类命运共同体，坚持相互尊重、平等协商，坚持走对话而不对抗、结伴而不结盟的新路，走出了一条通过合作共赢实现共同发展、和平发展的现代化道路，打破了"国强必霸"的大国崛起传统模式，提供了通向现代化的新选择。

中国式现代化的成功实践表明，西方现代化道路并非人类通向现代化的唯一道路，中国式现代化道路拓展了发展中国家走向现代化的途径，拓展了当今世界认识和推进现代化的新境界。